獨特的學習：

藍色經濟倡議家談台灣的自然、藝術與科技力量

Nature, Art and Technology
甘特・鮑利 GUNTER PAULI

致謝

一本書沒有團隊合作，永遠不會見光，這本書也不例外。

首先，感謝施振榮（Stan）的熱忱與支持。

第二，特別感謝簡又新、唐麗芳、余金龍、梁仙合、劉維中和劉文煌大師協助關注每一篇章的細節和回溯過往的記憶。

第三，我在瑞士、法國、印度和日本的團隊（Audrey Meunier、船長 Frederic Dahirel、行政管理者 Phillip Peatey 和 Basile Prime），為了完成這項重要任務，必須接受我的缺勤。雖然我試圖努力兼顧一切，但難免有所疏漏，感謝他們的耐心。

最後，特別感謝唐麗芳和林信昌在核對細節事實和檢查語法方面的協助。

這本書充滿了對台灣朋友的感激之情，他們讓生活變得有趣和充滿挑戰。我學到了很多。我們一起做了很多事情。未來，我們仍有做不完的事。這是一件令人興奮、受到鼓勵的、讓生活充實的事。最後大家都盡力了，如果還有疏失錯誤，我會負起全責。

目錄

你又寫了另一本向世界傳達重大訊息的書。事物不會消亡，所有一切都會回到了我們身邊，但大多是負面的形式出現，而你先天下之憂而憂，為人類的福祉考量。你所行所言，都將會被未來世代銘記與感激。

薩姆杜・奇特里 SAAMDU CHETRI
不丹國民幸福總值中心創始主任

再次令人佩服：你所描述的案例和你做事的風格，沒有人跟你一樣，實在是太不可思議了！句句屬實，君子無戲言。

湯姆・霍本 TOM HOPPEN
社會創新者和網絡工作者（荷蘭）

從學生領袖到國際綠能專家，甘特・鮑利活躍四大洲，影響多國能源政策。這位暢銷書《藍色革命：愛地球的 100 個商業創新》的作者，在新作裡，細述從八十年代起，參與宏碁、工研院，乃至綠能產業發展的心得。英文版為台灣在國際上發聲，中文版帶領讀者跟他一起走過台灣活力勃發的四十年，讓人對自己產生信心，繼續樂觀拚搏。

林懷民／雲門舞集創辦人

第一屆世界十傑當選人甘特・鮑利，藉由書中的故事，他分享一路走來推動藍色經濟以及零碳排的理念。他透過創新與創意的方式，與合作夥伴攜手共創價值，終能將理念有效落實，為世界帶來嶄新的契機。我相信這些實際的案例，將能帶給年輕人更多啟發，並將引領世界未來發展更美好。

林鼎鈞／國際青年商會中華民國總會第 71 屆總會長

未來屬於那些做出決定和行動的人，然而，當單獨行動時，能做的就有限。在本書中，甘特展示了他一生如何與最優秀和謙遜的人建立網絡連結，以激勵更多的人並使更多的倡議走上正軌。作爲朋友和多次的共同召集人，我得以辨認出書中所描述的模式，但我仍對專案領域之廣泛——甚至許多是我不知道的——而感到驚訝。

阿肖克‧科斯拉博士 Dr. ASHOK KHOSLA

發展替代方案創辦人（印度新德里）

國際自然保護聯盟前主席／羅馬俱樂部前聯合主席

甘特不斷帶來驚喜。我知道他與施振榮先生的關係，而這倡議網絡的規模和其延伸，正是對所有準備確保地球朝更好的商業模式，以及更好的生活品質而努力的人最大的禮讚。

安德斯‧維克曼 THE RT HON ANDERS WIJKMAN

Climate KIC 主席／瑞典和歐洲議會前議員

GLOBE 歐洲前主席（永續發展議會會員）

在本書中，甘特向許多令人驚嘆的開拓性創新者致敬，如我的母親琳達‧嘉蘭，她一生培養了全世界對竹子的熱愛。這本書讓讀者沉浸在橫向思考的熱情中，並揭示了原創的思維如何與自然的神奇融合，成爲變革的力量。甘特以精準的細節，以及影響著藝術、自然和科技之間美妙互動的關鍵情節，引領大家走上迷人的創新之旅！

阿瑞夫‧雷比克　ARIEF RABIK

「聯合國生態系統恢復十年計畫」理事會成員

環境竹子基金會主任／「千竹村計畫」創辦人

推薦序

有遠見的藍色經濟倡儀家：憶我與甘特四十年的友誼

　　1983 年國際青商會世界大會在台北舉行，同時也選拔出第一屆世界十大傑出青年（TOYP）並在圓山飯店頒獎，當年台灣由我與雲門舞集創辦人林懷民老師獲選為第一屆世界十大傑出青年。

　　首屆世界十傑中有位最年輕的得主——甘特‧鮑利（Gunter Pauli），他是比利時人，但卻是由日本青商會推薦而獲選，自此之後我和他一直都有保持聯繫。尤其後來我也找他幫忙 Acer 國際化到歐洲市場的發展。

　　後來在瑞士國際管理學院（International Institute for Management Development, IMI）也推薦將 Acer 的案例成為學校在高科技產業朝國際化發展的重要案例，如何用特殊的管理思維成功邁向國際化。

　　到九〇年代初期，Gunter 也跟我提到零排放（Zero Mission）的研究計畫，距今已是三十多年前的事情，當時我感覺這些想法還很遙遠，如今都已成為市場認同的思維，顯示他在此領域不僅研究深入而且相當有遠見。

　　一路走來，Gunter 不斷創新，也投入許多創業項目，他的許多創業項目，而且都與台灣有著深厚的淵源，並與台灣的夥伴攜手合作，例如本書中所分享的咖啡紗、石頭紙、將塑膠轉換成汽油、竹子屋，以及與工研院合作的很多創新技術等等。

　　此外，本書中也提到了同是世界十傑的簡又新及雲林故事館唐麗芳創辦人的故事。我也曾經在台灣協助 Gunter 透過天下雜誌出版他的書《藍色革命：愛地球的 100 個商業創新》，並找信誼基金會出版《甘特寓言》，這一系列的書主要是給學童看的科技結合環保的寓言故事。

　　2022 年 1 月 Gunter 與他的零碳排實驗船「MSPorrima」曾經來台灣高雄。在他抵達前，我們還與經濟部合作舉辦了一場研討會，探討如何藉由現在和未來的科技創新來落實環境永續的目標。當時在了解德國利用風箏發電的技術後，我也與相關合作夥伴積極推動這項技術的商品化和產業化。

　　如今在首屆世界十大傑出青年選拔邁入四十週年之際，智榮基金會特別發起舉辦「王道與自然、藝術、科技、永續論壇」活動，並邀請 Gunter 與多位台灣的世界十傑，針對淨零碳排、藝術文化與科技融合等議題進行交流分享。

　　他也藉此機會，將他過去四十年來與台灣結緣的點點滴滴寫成書，我也很佩服他的活動力，他也是許多年輕朋友學習的典範，在此將本書推薦給大家。

**宏碁集團創辦人／智榮基金會董事長
施振榮**

自序

2023 年 9 月，距離我首次造訪台灣已將近四十年。1983 年，我第一次來台灣，是受邀參加國際青年商會（Junior Chamber International）的活動。當年大約有一萬名青年企業家來台北參加國際青商會世界大會，而我有幸被選爲世界十大傑出青年之一。

在 1980 年 9 月，我就已訪問過中國，當時花了十天的時間騎自行車遊覽首都北京。那個年代的中國才剛開放邊境。我在探索紫禁城、體驗友誼商店（讓外國人在當地購物的官方商店）的交易習慣時，學到要認識中國文化的精髓就必須到台灣一趟。我非常渴望親眼看到當地千年的藝術及文物收藏。因此，在 1983 年應邀來到台灣時，我把握了這個難得的機會，沉浸在國立故宮博物院內展出的中華古代文化和藝術之中。

當年與我同時獲獎的人都很傑出，很高興能與我的朋友路易斯・卡洛斯・葛蘭（Luis Carlos Galán）度過了幾天，他是哥倫比亞總統候選人，不幸的是，在他得獎三年後，向毒品宣戰時被人暗殺。其他的獲獎者中有兩位來自台灣，一位是雲門舞集創辦人林懷民先生，他採用中國最古老的舞蹈「雲門」這一經典名稱，創立了華人世界第一個現代舞蹈團。這些創新觀點融合傳統文化、數位化和全球化的視角創作，贏得了世界

人們的認可。當我對雲門的表演以及他作為現代舞蹈家和編舞家的創作有更多認識時，不禁對他的藝術成就留下深刻印象。

第二位獲獎者是 Multitech（後來更名為 Acer）的創辦人施振榮（Stan Shih，下稱 Stan）。我記得看到螢幕上的公告說，他是從一個簡單的電子筆錶發明家出身，逐漸發展成為一家價值 1.87 億美元的電腦製造商。能在藝術和科技領域之間游弋，讓我對台灣人產生了好奇。猶記得我第一次來台，對當時的台灣沒留下太多深刻的印象，直到花上十多年的時間，慢慢地，我才發現這塊土地蘊藏的多樣性瑰寶。

我的新朋友們身上都有著濃烈的民族意識，他們的家人曾經歷了日本殖民的苦難，而他們以藝術和科技建造了自己的事業。與這些世界的菁英站在一起，不禁讓我感到很卑微，何其有幸可以和他們並列世界十大傑出青年。

我們很自然地產生對彼此的尊重與理解，雖然我住在日本，但卻非常有興趣多了解 Stan 的工作，甚至開始發展一些業務關係，也因此，我經常性地造訪台北。回顧這四十年來我意識到，四十多次造訪台灣以及所共同開創的十多項倡議，讓我有機會去更加認識台灣及其不平凡的人民，這是極少有人能做到的。

　　這本書不涉及政治，當然也不會提到地緣政治。謹藉由這本書頌揚我所認識的人們：他們爲社區、文化以及世界所投入的承諾和令人讚嘆的奉獻。因此，這本簡短的書講述了我所學到、以及我們作爲負責任的世界公民，在過去四十年來以卑微的力量，共同爲我們迫切需要的根本變革做出的些許貢獻。

　　這本書分享了我在台灣所遇到的驚喜以及人們與我分享的深刻知識，我獲得了很多啟發並發現了人們內在的財富。這本書中有我的祈願與觀點，爲了創造更美好的共同未來盡一份力，懷著感恩的心寫下這本書，沒有其他的野心，只是爲了分享我第一次踏上台灣這塊土地後，在 Stan 的引導下所得到的靈感。

引言　台北之路

　　1979 年，當我以優異的成績從比利時安特衛普的聖依納爵‧羅耀拉大學（University St. Ignatius Loyola）畢業時，也是被頒外交部長獎的年輕畢業生之一。這項殊榮提供了比利時駐外大使館工作六個月的獎學金。儘管我的學業成績非常出色，但仍然有其他成績比我更傑出的學生，然而，評審團考量了我在 1978-1979 學年爲學生組織──國際經濟與商業科學學生協會（Association Internationale des Etudiants en Sciences Economiques et Commerciales，AIESEC）擔任選舉主席所扮演的角色。

人類處於十字路口

　　這個學生組織誕生於第二次世界大戰後，有一個明確的目標：培養學生發展經濟、消弭貧困和不公正，以及爲永久和平而努力。該學生組織因 1968 年抗議活動中的革命思想而受到迫害，需要重振旗鼓。我在大學時，曾是反對街頭抗爭和放棄烏托邦的先驅之一，後來我轉而主張參與商業模式的重新設計，透過營業許可證的核發，實踐在不破壞環境的情況下，爲社群和市場服務。我深受羅馬俱樂部的影響，該俱樂部大張旗鼓地發表了第一份報告《增長的極限》（Limits to Growth）。1972 年的這份報告和延續《人類處於十字路口》（Mankind at Crossroads），就像是我人生中所希望實現目標的參照。

領航世界學生大會

　　我們迫切需要經濟轉型，不以增長作爲唯一目標，我們的消費模式和生產技術必須在地球的自然限度內進行。當選爲這個學生網絡的主席後，我推動的第一個變革是邀請羅馬俱樂部主席兼創辦人和前飛雅特（FIAT）以及好利獲得（Olivetti）的奧雷利奧・佩塞（Aurelio Peccei）博士來對所有學生發表演講。他到訪時，我一邊兼顧我的全日制大學課程以及畢業論文寫作，同時與比利時十五所大學的學生委員會進行協調，動員一百五十名志願者主辦了世界上最大的學生大會，我們在大會上利用捐贈的 IBM 運算資源創建了一個能在全球範圍內交易四千個實習機會的市場。獎學金的評審團給予我很高的讚譽，並認爲我應該獲得一個機會，可以自選一個比利時的大使館，進行自己的獨特實習。

機會與選擇

　　我獲得這個機會時，西方世界正宣布要抵制 1980 年莫斯科奧運會。我想知道爲什麼美國和其他國家會選擇以不參加友誼賽作爲對蘇聯入侵阿富汗的抗議。奧林匹克的理想是將體育置於政治之上。因此，我提出我的首選國家是蘇聯，因爲如果沒有這項獎學金，以及身處比利時這樣決定不抵制奧運會，而只透過在奧林匹克旗幟下比賽來抗議的國家，我將難以成行。比利時政府對我的提議感到非常錯愕。顯然對他們而言，一位聰明的二十四歲年輕單身男學生去莫斯科待六個月，可能會落

入一名美麗的 KGB 間諜手中，徒增有去無回的風險。答案很清楚：就是不准。

官員們敦促我提交第二個選項，我就提出了沙烏地阿拉伯。當我還是個小男孩的時候，我對 1967 年費瑟（Faisal）國王來比利時的國事訪問記憶深刻。幾年後，比利時國王博杜安（Baudouin）回訪沙烏地阿拉伯。兩次高層接觸都受媒體的高度關注。我考慮到對我來說，要自行前往利雅德並探訪麥加的故鄉是非常困難的。這也會是我研究穆斯林世界和他們的文化與傳統的機會。加上我渴望學習獵鷹術。對曾否決我選擇莫斯科的政府官員而言，我提出要前往沙特阿拉伯的請求，讓他們感到十分頭痛。

亞洲四小龍

他們認為一個在家鄉長期擔任 DJ 的單身漢，不適合隻身前往沙烏地阿拉伯，因他的社交生活將受到嚴重限制。他們也無法要求大使陪伴一位剛開始職業生涯的年輕人，我再度被否決。該獎項的負責人決定和我坐下來談談世界經濟的地緣政治。他提醒我，世界經濟正受到亞洲四小龍：香港、新加坡、台灣和韓國的影響。這些快速增長的經濟體將轉化我們西方的經濟模式。他指出，這四個國家都受益於日本的大量投資，而歐洲則落後了。然後他引述了拿破崙的話「讓中國沉睡吧，因為當她醒來時，她將震動世界。」

想辦法

　　獎項的負責人熱情且清晰地描述了背景，並立即向我提出了堅定的邀請，讓我成爲新興亞洲經濟體的新學徒，前往日本駐紮六個月。他提出了正確的建議，我也接受了，畢竟是經過我辛苦且實誠的談判才有的。由於獎學金補助了從布魯塞爾飛往東京的機票，我請他允許我在前往東京途中，可以有兩個中間站：莫斯科停留十天，然後，從莫斯科飛往北京再停留十天，最後再飛到東京。

　　我本來就沒有準備接受拿破崙的建議，讀過鄧小平領導下的「撥亂反正」時期的開放改革，我想親身感受政策的巨大轉變意味著什麼。我還提出寫一份報告，介紹我們如何在每個人都認爲市場關閉的情況下成功打入日本市場。另外，我還爭取從日本返回比利時的途中，可以在沙烏地阿拉伯停留過境。

意外的收穫

　　1980 年 9 月 8 日，在羅馬俱樂部主席向前總理亞歷克賽‧柯西金的女婿傑里米‧格維希亞尼（Jeremy Gvishiani）博士（他是蘇聯五年國家規劃機構 GosPlan 的副主席）強力推薦下，我從比利時出發前往莫斯科。當時我收到了一份去會見安東尼奧‧薩馬蘭奇（Antonio Samaranch）的推薦信，他時任西班牙大使，後來當選爲國際奧委會主席。最後，多虧了我在 IBM 進行實習交流的工作並協助組織學生會議，IBM

全球培訓中心業務負責人羅伯特卡倫（Robert Caron），向我介紹了 IBM 公司創辦人的兒子托馬斯·華生（Thomas J. Watson），他也是第二任 IBM 總裁（1952-71 年）、美國童子軍第 11 任全國主席（1964-68 年）以及美國駐蘇聯大使。這是一次值得前往的重要議程。

先鋒精神

在莫斯科停留的十天並不是孤獨的旅行。儘管 AIESEC International 的新委員會並沒有要為我的行程背書，但還是得到了其中幾位成員的大力支持。陪同我的是一位來自西班牙 AIESEC 的朋友：Amparo Lopez Barrena。她畢業於巴塞隆納大學，說一口流利的俄語。1978 年，她曾擔任馬德里 AIESEC 世界大會組委會副主席。作為一位具有先鋒精神的女士，她無論在什麼情況下都致力與國際對話。她也決定協助參與和蘇聯的對話，這讓我印象非常深刻。

聆聽的藝術

當我在莫斯科會見比利時大使時，他承認我確實混淆了 KGB。這個系統無法理解一位年輕的學生領袖怎麼能夠見到未來的國際奧委會主席、美國大使以及 GosPlan 等的高階領導人，而我一點也不在乎。

酒店的服務堪稱典範，每次會議格維希亞尼博士都會用

標誌性的黑色 ZIL 114 豪華轎車或派 Volga M21 來接我。當
這些車開到門口時，大家看到後排坐上了年輕人都驚訝不已，
有一次我還被問，我是不是比利時皇室的成員呢！

　　我在莫斯科最有趣的經歷是與規劃、科學、科技和教育
部門的官員交談。與美國大使一起喝茶時，他很可能和其他人
一樣困惑，他替我上了一堂實用主義的課，而且正式歡迎我的
主動造訪。他認為我能得到這樣一組完整的推薦信，是非常特
別的。

　　比利時外交部長亨利‧西蒙內（Henri Simonet）閣下
應法國興業銀行（Societe Generale de Banque）主席阿爾
伯特‧科普（Albert Coppé）的要求，發了電報支持我的行
動，該銀行是我領導的學生組織的主要贊助商。莫斯科的訪問
是一個不可思議的經驗，練習聽到各自的宣傳主張。然而，我
們受到了極大的尊重和包容，我公開感謝這個難得的機會。

一美元旅館 X 自行車

　　我對這次經歷感到很高興，希望可以經常再回到莫斯科，
事實上，我甚至在同年的十二月就回去參加一場晚宴以及後續
的交流。我與莫斯科以及新任國際奧委會主席的關係一直持續
到柏林牆倒下。訪問後接著是搭乘俄羅斯航空公司 Aeroflot
從莫斯科直飛北京的刺激體驗。我知道中國已決定加入美國抵

制 1980 年莫斯科奧運會的行列，並反思這一決定可能帶來的地緣政治影響。飛機上的人很少，我是裡面唯一的西方人，經過一晚的飛行抵達北京時，受到了非常熱烈的歡迎。

在中國，我沒有官方推薦，也沒有豪華轎車，大使館的車把我送到了一家旅館，在那裡接下來的十天，每天只需一塊美元就可以住宿還附早餐，這是我住過最便宜的地方。然而真正的驚喜是，造訪期間有一輛自行車供我使用，費用則是每天另外一美元，並需要提供護照作為擔保。我信任政府推薦的自行車租賃，並有幸在 1980 年就能騎著自行車探索北京。

街頭對話

穿梭於北京，見證自行車交通壅塞，參觀紫禁城，在友誼商店討價還價選購我喜歡的顏色和合適尺寸的羊絨衫，與每個準備好用幾句英語單句開心交流的人，進行令人不可思議的街頭對話。大使館的工作人員樂於幫忙提供書面翻譯服務，然而當時手機尚未問世，甚至連網路服務都還沒開始著手規劃，每當出現語言問題時，我都必須用比利時語記下文本，然後帶到大使館翻譯成中文。每天我都會在清新的空氣中以五十到六十公里的速度騎自行車往返。

每個人都很有耐心，也能容忍最不可能的要求！由於友誼商店沒有我喜歡的尺寸和顏色，店長建議去北京郊區生產羊

絨衫的紡織廠參觀一下。於是我多次來回大使館翻譯，最後終於能夠在那裡找到一件合身的超大號紅色羊毛衫。至今，那件毛衣我還留著呢！

轉型

　　當我們在歐洲被告知要在中國四處走動有多麼困難時，我的結論是，我不僅能夠四處走動，甚至還可以把事情做好，這給了我莫大的滿足。1980 年 10 月 1 日，我懷著感傷的心情離開北京，搭乘直達航班前往東京。我再次驚訝於機上沒有西方人。我從北京進入亞洲的機會，讓我建立了一個思維框架，我出發前進行了廣泛的諮詢，這和我在熱門的《外交事務》（Foreign Affairs magazine）雜誌上所讀到的迥然不同。

　　就像在蘇聯一樣，我覺得自己與中國有特別聯結，渴望儘快再回到北京並想發現更多。後來，我確實回去了一百多次，並與這個國家建立了非常深厚且富有成果的關係，尤其是在教育領域。當我終於到達日本時，幾乎沒有時間進一步整理這些經歷。我很快就融入大使館的官僚程序及外交禮儀。

　　在東京的學習經驗是快速而紮實，但卻稍顯拘於形式。大使館有一區複合住宅，所以我在所有外交人員的注視下獨自住進離辦公室五十公尺遠的四房公寓裡。日本人的工作安排，讓我沉浸在世界新興經濟體的氛圍中。我們討論了打入日本市

場的困難和亞洲四小龍的奇蹟。儘管我的官方職責被侷限於開發在日本銷售產品和服務的機會，但大使館的工作人員鼓勵我超越這些限制去看見更多。我常被有關亞洲四小龍的訊息轟炸，每週都要閱讀《遠東經濟評論》（Far Eastern Economic Review）。

經濟巨人

日本已經被視爲經濟巨頭，對於自身增長能力的信心對許多西方國家來說是種經濟威脅。由於羅馬俱樂部的介紹信，我透過電腦巨頭日本電氣（NEC）的 CEO 小林宏治博士、外務大臣大來佐武郎博士認識了一些國家領導人。包括東京大學校長茅誠司教授、聯合國大學校長蘇查特莫科（Soedjatmoko）博士以及東京奧運會指標性建築師丹下健三先生。這是一個特別的機會可以快速學習，並有了對外交官的第一印象。這些外交官在壓力下進行打入市場的談判，八〇年代的日本很清楚國家未來的路線，更清楚知道自己在做什麼。

脆弱性理論

在了解當地的這些探索過程中，我接觸到了作爲全體動員以促進增長和增進韌性手段的「脆弱性理論」。爲什麼新加坡會變成一隻老虎？在新加坡宣布獨立時，它的鄰國馬來西亞顯然是一個經濟和軍事大國，克服這種脆弱局面的唯一方法是表現出紀律和承諾。韓國爲什麼能夠成功發展成強大的經濟體？

如果沒有美國的軍事力量，它會遭受像越南一樣的命運。由於韓國過去和現在都面對著朝鮮大約一百萬名步兵的軍事力量威脅，唯一的選擇就是發展經濟並在世界上贏得一席之地。香港能成功是因為整個亞洲的金融體系都是保守並被高度監管的，如果對香港特區實施嚴格的規範，那麼它就沒有機會生存。因此，香港憑藉其與倫敦和紐約市場一體化的金融實力，在世界經濟中佔據了獨特的地位。而即便在外交上一直處於極端孤立狀態，台灣竟然還是能在製造業方面如此有成效。如果在外交上沒有正式的關係，台灣只有在成功將最優質的工程產品以最低價格帶給世界市場，並轉型成不可或缺的技術合作夥伴時，才能在全球受到重視。

亞洲四小龍

　　這種脆弱性的邏輯，以及在經濟方面超越鄰國甚至對手的需要，激發了我學習了解這些國家的第一手資料。1978 年，我曾在 AIESEC 為期一週的會議期間訪問過新加坡。在這次活動中，我們被新加坡政府視為年輕領袖，並會見了很多官員。我們明白，這一切都因為有清晰的目標，才能扭轉劣勢。

　　我規劃了一個訪問台灣、香港或韓國的計劃，不是以遊客的身分，而是以經濟策略學生的身分訪問，親身了解他們在商業和政治方面的領導如何成功地為人民帶來最好的發展，並和世界分享這些國家文化最好的一面。而今 2023 年新加坡、香

港和台灣在瑞士洛桑國際管理學院（International Institute
for Management Development，縮寫爲 IMD）評選的最具
競爭力的國家中名列前十，領先於美國和中國。這些國家克服
重重困難取得了成功，而我從一開始就目睹這一切。

當我在比利時駐東京大使館的實習即將結束之時，我提
交了一份關於如何打入日本市場的頗具爭議的報告，我的大使
並不打算接受。在比利時進行了一系列磋商，包括與對日本
有濃厚興趣的阿爾貝王儲殿下會面後，我決定避免內部爭論，
堅決轉向實踐我的願景。證明大使錯誤的唯一方法，是在日本
開始我的第一個生意：銷售七個世紀以來修道院釀造的傳統啤
酒。到 1981 年，我已經成爲一名小企業家，在東京市中心的
瑞典中心擁有一間狹小的辦公室。然而，這歸功於我有幸能得
到很多導師的引導，他們分享了他們的建議並願意花時間給予
指導。

與衆不同的洞察力

其中一位導師，就是本田汽車公司的創辦人本田宗一郎。
他剛剛在比利時創建了本田歐洲基金會，他的團隊非常喜歡我
的創新作法，並促成了一個團隊協作，使我能夠直接接觸到這
個日本工業的巨人。本田先生是第一個告訴我，要如何同時製
造高品質產品，又能接連不斷創新且卓越地快速實行的人。

　　記得我曾問過本田先生，他怎麼可能在 1956 年才決定製造汽車，而兩年後的 1958 年，他就讓第一批汽車從生產線下線？當然也出現不少批評的聲音，說這些不是汽車，而是頂著小車身的摩托車。本田先生花了很多時間與我分享，他決定推進汽車產業的工業化，甚至不惜和強大的日本國際貿易和產業部門——通商產業省（現名經濟產業省）的意願相左。他教我要成為世界市場的領導者，了解自己甚至對手的優勢和劣勢並不重要，最重要是了解競爭對手的弱點。本田先生強調關注他們的弱點，然後可以從小市場開始，如在日本銷售比利時修道院啤酒，做個成功的小企業家。如果一個人保持一致和專注研究市場領導者的長串弱點，那麼「你將能夠成為一名實業家」。

一夜成名

　　隨著我在日本的工作變得更加成功和突出，我不僅能夠與小型啤酒生產商合作，還能夠與優時比（UCB）等大型製藥公司（按照比利時標準）合作，擬定他們的亞洲策略。我將三位比利時諾貝爾獎得獎者（Ilya Prigogine，1977 年，羅馬俱樂部成員；Albert Claude 和 Christian de Duve，1974 年）帶到了日本，展現比利時的堅實科學基礎與不斷湧現的創新，凸顯比利時將能成為替日本提供專業技術的供應商。

　　當時，日本被認為是一個難以滲透的市場，因其極度複雜的行事規矩和法律規範，以及聞所未聞的系列測試要求。因

此，當我成功地銷售了啤酒和後來的紡織品等，並透過出售專有技術而引進建造兩家由比利時企業控股的工廠（至今仍在運營），這一事實很快就成爲了熱門新聞。比利時最大的報紙《De Standaard》用全版報導了我如何看待整個亞洲市場，特別是日本市場的機遇，我一夜成名同時也樹立了企業家的形象。

身分轉變

比利時外貿部長威利．德克萊克先生（Willy De Clercq）致電到我在布魯塞爾的辦公室，邀請我加入他的內閣，共同擬定亞洲策略。然而，在辦公室工作一週後，我的結論是，與其成爲部長的顧問，不如繼續作爲一名企業家會更有效率。部長認同關鍵是要能提出具體案例，並對我表示支持。這是一個很大的加持，畢竟我才剛滿二十六歲。

接著是第二次突破，多虧具體案例和媒體的幫助，出現了對學術文章的需求。由於我在大學時接受的是堅持最高學術標準的耶穌會士訓練。因此，我非常重視東京上智大學國際學院（International Faculty of Sophia University）院長 Robert Ballon s.j. 教授的建議。他想看看我的策略背後的科學原理，他關注我抵達東京後從外交官轉變爲企業家的歷程，督促我擁抱學術紀律以及撰寫學術文章，來證明我的策略具有紮實的科學性。

　　這篇文章在東京由行銷專家進行了同儕審查，首先在日本發表，很快翻譯成西班牙文在西班牙發表。這篇以「是時候在日本市場取得成功了」爲題的文章獲得了巴塞隆納行銷俱樂部的年度最佳行銷文章獎，該俱樂部匯聚了 IESE 和 ESADA 等所有著名商學院與西班牙的主要企業。突然間，我發現自己正在教授來自世界頂尖大學的 MBA 學生。

擴展

　　商機如雨點般降臨，我必須做出選擇。更重要的是，我必須決定是否要保持小規模和穩定，還是要準備擴大團隊。我決定整合更多具有這種創業精神的年輕團隊成員。沒過多久，我就和菲律賓總理之子史蒂芬・維拉塔（Steven Virata）以及來自比利時最強工業家族之一的萊昂・貝卡爾特（Leon Bekaert）在菲律賓共同開設了商店。我決定利用我在日本的經驗，協助菲律賓生產商出口到歐洲，並爲 ACEC 和 Pauwel Trafo 等比利時公司談判在地的銷售合約。幾乎同時，我在曼谷設立辦事處，以交換具有社會和環境內涵的產品和服務。我也冒險進軍緬甸這個被認爲對西方封閉的國家，並探索新的可能。

　　前往日本兩年來如雲霄飛車上下起伏的日子，讓我得以將注意力集中在亞洲。政治興趣、學術深度和商業的成功結合，爲商業這門藝術帶來全新的視角。我確保並維持國家、公司和

產品的一致形象，用故事的力量說服消費者，也說服了監管機構，最終創造將產品和服務推向市場的機會。

來自日本的獎項

1982 年 8 月，也就是我開始努力工作兩年後，國際青商會的一位高層人物馬克‧德博勒（Marc De Bolle）聯繫了我。不知他怎會有我的手機號碼，這在當時更像是一款「攜帶式」手機，是該國一千七百名有幸「隨時」可被聯繫上的人之一。馬克表示他從一開始就關注我的一舉一動，了解我作爲學生領袖的工作，並且詳細閱讀了過去幾年我發表的文章。當我們見面時，他向我展示了他保存的關於我的厚厚檔案。他在我們的會議結束時說，我應該是一個月後由日本大阪提名得獎的比利時候選人。他說他已經說服他的同事麻生太郎（後來成爲日本財務大臣、外務大臣以及首相），大阪國際青商會（JCI Osaka）會將我評爲「世界十大傑出青年」之一。

我抗議並爭辯說，如果我能在未來十年保持我的節奏的話，這可能是合理的決定，但現在還爲時過早。他反駁道，我們需要喚醒許多年輕人，而那些擁有十年經驗的人，並不能像你在兩年內取得如此成就那樣的鼓舞人心。也許促使我決定接受這個獨特邀請的原因，是允許我與日本皇太子和皇太子妃會面的承諾。她曾在聖心大教堂學習，並多次訪問比利時。比利時王儲阿爾貝曾談論過她，這是一個我不該錯過的機會。

世界新秩序

國際青商會決定在舉辦日本傑出青年獎之後，組織一個世界性的獎項。馬克很快就聯繫了我，想知道我的活動是否還像以前一樣忙碌。當他打電話給我時，我剛剛從東京羅馬俱樂部會議回來，該會議由日本電氣主辦，討論微電子對新世界秩序的影響。關於電子和電信的整合與日本小型化技術結合，以及這將如何擾亂經濟權力的分配，甚至這將會為過去無人注意的競爭者創造成為世界領袖的新機會。當馬克熱情地聆聽我對各地企業家深具意義的報告時，他直接確認我將於1983年9月在台灣國際青商會世界大會接受頒獎。

我沒有花費更多心思在這個獎項，而是專注於創建一個高度智能化和移動服務的網絡，並討論市場機會。歐盟請我協助改變他們的統計數據蒐集方式，以便讓這項新穎的服務曝光。日經研究所（The Nikkei Research Institute）與我簽約，讓我就如何引導這種軟經濟（不以產品進行交易）的技術提供建議。

我對服務經濟的前瞻性觀點，得到該領域最大創新公司的青睞，如SWIFT（跨銀行通信公司）、Group4Securitas（從人力值班轉型數位監控的保全公司）和Apple（新興的桌面出版概念）。

　　國際青商會聯繫了我，在接下來的幾個月裡，我們達成了共識：青商會期望「更具創業精神」，由具有強烈道德規範的人引導，重點關注在共同利益。我開始結識青商會在美國、亞洲和歐洲的領導階層，逐漸確信這個組織熱切希望分享我的觀點，即年輕人如何成為有責任感的公民，而擁有以道德為核心的企業家精神，可能是向尊重環境、追求和平與理解的社會過渡的最佳途徑之一。

從微小到巨人

　　國際青商會非常認同這個思考方向，在 1983 年 7 月，一如預期，我成為了世界十傑的第一批入選者。位於美國佛羅里達州科勒爾蓋布爾斯的國際青商會全球總部邀請我去台灣。當我看了獲獎者名單時，我發現一位來自印度的科學家、一位來自斯里蘭卡的藝術家、一位來自哥倫比亞的政治領袖、兩位美國慈善家，還有一位台灣企業領袖——當時稱為 Multitech 的電腦集團，後來更名為 Acer 的創辦人 Stan。能成為他們中最年輕的一個，並成為電腦世界巨人旁邊的一個小企業家，我深深感到榮幸。

亞洲手腳快

　　熱情好客的華人文化從我降落的那一刻起就讓我感到賓至如歸。我們得到的招待不僅是住宿和食物，還有充滿歷史、

文化、產業和政治的有趣議程。抵達幾個小時後，我得到了第一個驚喜：主辦單位提供我們一套為頒獎典禮量身定制的黑色西裝。晚上丈量尺寸，第二天早上進行試穿，到晚上就把一套西裝送到了酒店房間。我這輩子從來無法想像，可以在二十四小時內得到一套量身訂做的西裝，亞洲的手腳很快！

大開眼界

我們花了好幾個小時為 1983 年 9 月 26 日的頒獎典禮排練，這個活動的製作應該是從好萊塢奧斯卡頒獎典禮上複製過來的。一切都經過最縝密的考量，簡直就是完美無缺、天衣無縫。任何被重視的事情和目標，就要靠注重細節與紀律的專業態度來執行——心思要比歐洲或美國人都更細膩。觀察過台灣的許多倡議，我想知道他們為什麼比我看到的更多。道理很簡單：由於繁體中文在台灣仍然使用，每個人必須認識六萬個漢字才能閱讀具有重要意義的文學書籍。在台灣之外的地區，大多數讀者會使用簡體字。而在日本，人們甚至需要認識四千個繁體中文才能看懂一份報紙，這仍然是簡單的二十六個字母的倍數。很快就清楚了，魔鬼就在細節裡，細節決定了品質，這些完全植根於中華和日本的語言文化中。

發現

我和 Stan 相處得很好，這幾天的交流讓我有機會了解這位天才創新者的想法，他的創業從在筆上加一個簡單的電子時

鐘開始：電子錶筆。到 1983 年，一個 2.5 萬美元的投資已經
發展成為一個 1.8 億美元的事業。Stan 非常慷慨地分享了他
如何克服挑戰，如何不斷改變生產和行銷的邏輯。他將市場的
需求與其公司團隊的創造力以及他所在國家的要求相匹配。聽
了 Stan 的談話，我得到的結論是，台灣擁有獨特的恩賜，因
為這裡有一位企業家能夠使人民擺脫孤立，並將台灣轉變為世
界領先的國家之一。到 2023 年，根據 IMD 分析，台灣在全
球最具競爭力的國家中排名第八，領先美國。

　　世界十傑不僅讓我直接接觸到宏碁（Acer）、明基
（BenQ）和緯創（Wistron）的創辦人，還讓我結識了其他
國際青商會成員的實業家們。他們吸引曾離開台灣前往歐美的
優秀華人回到自己的國家並推進工業化，這是他們對孕育自己
的祖國的責任感。在第一次訪問期間與企業家的面對面會談，
了解他們對自己的文化、傳統以及他們對家園的熱愛和奉獻。
透過他們的商業和文化願景，我發現了亞洲之虎背後的量能。
在四十年與 Stan 的友誼中，讓我有機會深入探索這一發現。
當我們持續討論並變得更有信心時，我們開始了多項倡議，這
些倡議確保我定期回到台灣，並讓我發現了其它的寶藏，我統
稱為自然、藝術與科技。

為了分享
　　我書寫這本小書的目的，是為了分享這四十年來在探索

　　「我們能一起做到什麼」的過程中，所學到的，所發現的。書中分享了我所遇見的驚喜和深刻知識，我收穫了許多靈感，也發現了人們心中的財富。希望本書能提供在設計更美好的共同未來時，所需要的洞察和願力。我心懷感恩寫下這本書，秉持著謙遜的心出版，沒有其它野心，就只是要分享自我第一次踏上台灣土地以來，在 Stan 的引導下所得到的啟發。

第一章

商業的力量：Multitech 的第一份政府合約

with
德國 Multitech 團隊

Stan 的願景

Stan 於 1985 年 2 月透過電傳告訴我，他將拜訪德國 Multitech 辦公室，並邀請我一同前往位於老工業城市杜塞道夫的代表處和貿易辦公室與公司的員工碰面。我知道這個德國的煤鋼老城已成爲很多日本企業的大本營，而自從北萊茵西法倫邦的地方政府歡迎外來的新興經濟貿易投資，台灣人也隨之成爲來此設廠的一分子。

我與 Stan 吃了一頓簡單的中式晚餐，席間我聽到 Multitech 在歐洲發展一系列的策略專案。這讓我感到很驚訝，Stan 竟然有在歐洲生產的意願，我好奇這如何能與台灣的低成本競爭？但這個問題當下沒有得到直接回答。不過，我跟 Stan 的共識是，如果 Multitech 沒有拓展歐洲業務並擴大銷售，就很難建立全球策略和全球品牌。

看得更遠

Stan 和他的團隊準備直接參與並爭取合約，展示他們可以提供的產品與服務，並闡明將在此建立長期關係的策略。客戶無需承諾獨家合作，而且只要有機會，他們就會展示自己與其他競爭對手的差異，並從中脫穎而出。Stan 非常清楚台灣沒有國家形象的加持，如同 Multitech 也沒有過往的公司形象來說服客戶相信他們，在這個背景與現實基礎下，我受邀擔任 Multitech 的顧問，提供商機的線索，爲該公司爭取得以

展示其競爭實力的機會。這都是因爲我信任 Stan，並確信他及他的團隊能夠辦得到。

獲勝提案

在另次我們共進午餐時，則討論了 1985 年桌面出版市場如何在我們眼前爆發，小型 Mac 與 Aldus PageMaker 的結合是一個成功的方案。我告訴 Stan，我近來與 Apple 密切合作，它們才剛於 1984 年推出了 MacPublisher 軟體，這是第一個桌面出版軟體套件。那時，我在比利時的公司收到了第一批 Apple 512K 麥金塔電腦（MacIntosh）系列之一，經過短暫的測試和嘗試，我和公司夥伴就都愛上了這台電腦和軟體，無論外觀和感覺。

我不僅成爲該系統的首批用戶之一，還熱情地與 Stan 分享，這個只需花費五千美元的簡單設備，可以讓我釋放出許多創業想法。這使得新的商業類型得以誕生，頁面布局的模式讓我可以根據需要創建可重複使用的出版物格式，這種儲存格式，使我能夠爲任何需要更新內容的出版物建立目錄。硬體和軟體的結合將改變未來圖形設計的世界，我決心要參與其中。

改進與創新

由於我與包括史蒂夫・沃茲尼克（Steve Wozniak）在內的 Apple 高層管理人員的接觸（我從未見過史蒂夫・賈伯

斯），以及我作爲行銷先驅的角色，我覺得我現在可以掌握到如何協助一個成功模型在未來的改進和創新。我有信心可以使用 Apple 提供的核心基礎架構，創建一個完整的新創企業組合，我也已經有了一些新的業務構想。

Pauli 出版公司

Stan 傾聽我想創建在出版和數據庫管理領域的企業，也提到在我們倆沒有見面的這幾年裡，我的業務經歷了重大轉變，從啤酒、紡織和製藥轉向了一個更接近他的世界：微電子。事實上，這場午餐會面由於我提早到了，所以當我在餐廳等 Stan 時，我正在考慮創建一家出版公司（後來被稱爲 Pauli 出版公司）的商業計劃。

這家新創公司的重點是同時以多種語言進行「卽時出版」（Instant publishing）。圖書出版市場不僅緩慢，通常從作者定稿到上市往往需要一年的時間，圖書出版首先是英文版，幾年後才會出現外文譯本市場，書（及其內容）需要花幾十年的時間才能征服世界。

世界叢書現況

我的公司正打算開始卽時出版多種語言圖書，並在桌面出版（Desktop publishing，DTP）浪潮中蓬勃發展。速成書更像是卽溶咖啡，這意味著當你想要一杯咖啡因時，你很樂

意接受快速的解決方案，這道理同樣適用於即時出版。我的公司將我對環境的熱情置於核心位置，因爲關於環境可獲得的訊息太多，但流通共享的訊息卻太少。因此，我與世界觀察研究所（WorldWatch Institute）美國華盛頓特區的創辦人兼所長萊斯特·布朗（Lester Brown）達成協議。

　　這個擁有可靠科學報告的數據分析小組，授權我可以將他們的年度旗艦報告《世界現況》（State of theWorld）翻譯成十種不同語言。然後，借助新技術，能讓各國翻譯版本與美國版本在華盛頓特區大張旗鼓地同一天出版。在向美國媒體展示之後，萊斯特·布朗將飛往布魯塞爾，在歐洲議會上以十種語言的版本發布，這個消息成爲熱門新聞！

　　我告訴 Stan，我有一群敬業的工作人員和翻譯團隊，他們將於十二月的第二週在美國發布手稿後開始準備書籍的印刷前置作業。多虧了這個桌面出版，我們在不到三週的時間裡就準備好要到歐洲巡迴展出的書籍，包括巴黎國民議會和倫敦下議院。當 Stan 問我有關商業模式的問題時，我透露並感謝由於有議會成員們的贊助，前一千本書確定順利售出，這引發了我們的爭辯，促使我將這本書推向市場。《世界現況》書籍的所有譯本加起來每年的銷量將超過二十五萬冊，這對於一本講述環境壞消息的「無聊」書籍來說絕對是成功的。就連達沃斯（Davow）世界經濟論壇，也向參加一月份年會的兩千名成

員提供了這些報告，糖果公司 Perfetti Van Melle 也進行大
量採購。

做就對了

　　Stan 聽了我熱情分享的故事，表示對於 Multitech 來說，
桌面出版市場不是一個選擇，也沒有興趣。也許他可以透過代
工製造生產這個系統，但為了以自己的品牌進行銷售，他需要
尋找其它市場。此外，Stan 告訴我，他不想讓我陷入困境，
必須在與 Apple 現有和未來的活動以及與他和 Multitech 合
作的機會窗口之間做出選擇。在理想情況下，他希望看到我在
該行業的兩個領域都蓬勃發展。而他的公司熱衷於設計以個人
電腦為主的電腦系統。

　　由於 Multitech 正在積極為其他人生產電腦（稱為
OEM，代工製造），包括過去為 Apple 生產的電腦，Stan 邀
請我思考電腦市場的其它領域，而不只是我自己所在的範疇。
他已準備好，並預料他的公司在歐洲所針對的區隔市場因為運
輸成本和產品品質而具有競爭力，同時，也建立了有助於整體
銷售的參考模型。Stan 熱衷於建立他的品牌 Multitech，並
告訴我，如果我能提供幫助，他將不勝感激。然而，我能否專
為他們的獨特能力和靈活度，開拓新市場？我的反應是，唯一
的方法就是行動。

客製化設計

我們閒聊時，Stan 告訴我說，是需要把電傳機換成傳真機的時候了。回到比利時後，我立即訂購了一部，我意識到這款新穎的傳真機，必須等上三週才能收到。等辦公室新版本的 ISDN 傳真一安裝後，我就開始透過這種新媒介與 Stan 進行交流。Stan 明確表示，傳真機只是一個過渡時期。

我同意進行有關 Multitech 電腦進入歐洲市場機會的評估討論，Stan 擁有非常專業的銷售團隊，能夠提供具有市場競爭價格的產品，我相信 Multitech 的設計能力在保證大量單位銷售下的政府特定方案中是非常有幫助的。在收到他團隊的詳細簡報後，我知道我可以信任他們的科學和工程師團隊，我坦承我對技術並不專精。

我的第一個業務是把 Multitech 介紹給我多年的朋友，Prodata 的創辦人兼執行長 Franky Carbonez。Prodata 在大眾運輸系統的客製化支付和票務系統領域處於領先地位，並擁有良好的政府關係，他們生產的大部分系統，是依據客戶的規格在公共汽車和有軌電車上建立的完整資訊、計算和票務管理系統。這對 Multitech 的電腦設計能力來說，會是一個有趣的媒合嗎？

這個媒合，只花了一通電話，兩方很快就建立了合作關

係。Carbonez 很快就確認一起合作的機會，並憑藉他的工程思維，兩家公司開始共同設計解決方案。第一份協議讓德國的商業團隊建立起信心，知道我是認真的。現在我們不得不探索更多的機會。但是我很清楚我的興趣並不僅止於此，如果我花時間參與，那麼我們必須考慮更大且具變革性的規劃，我們都同意我將爲 Multitech 探索這個可能。

服務的基礎架構

　　基於我和 Apple 的關係，以及我作爲「服務架構」的先驅，我掌握比利時擔任 1979 年至 1992 年首相維爾弗里德‧馬爾滕斯（Wilfried Martens）對資訊科技有興趣的第一手消息。首相對法國 Minitel 技術的發展有濃厚的興趣，這是一種電傳視訊系統，到 1985 年已經安裝在一百萬戶家庭中，在英國的 PRESTEL 服務則擁有九萬個終端操作模式，可透過電話線傳送可格式化的訊息。

　　比利時首相希望將比利時推向微電子和資訊服務的新時代。因爲除了我與 Apple 的關係之外，我還寫了一些文章，發表在當地媒體上，內容是關於我 1982 年參加東京的羅馬俱樂部微電子影響報告論壇，我率先證明：如果一個人腦袋夠快、夠有創意、夠投入，就可以有許多創造新行業的機會。這是以前人們從未想過，甚至在大學裡也沒有被討論過的。

　　Stan 和他在德國的 Multitech 團隊熟悉法國、英國和比利時的系統。他們想更了解及我在哪裡看到了協同效應。1980 年法國 Minitel 開始透過電話提供的視訊文本服務，幾年後變得非常流行。到 1985 年 Stan 和我共進晚餐時，每個月都會安裝十萬個額外的終端機。在網際網路出現的十年之前，一整個世代的年輕人都在使用簡單的銅質電話線玩俄羅斯方塊等電子遊戲直到深夜。Minitel 最初的目標是取代電話簿和廣告黃頁的印刷。然而，它很快就轉變為家庭用的大型數據交換系統。

　　這項服務是免費的，唯一的花費是使用者花在電話上的時間。Minitel 為國家電話公司帶來收入，同時節省了五億法郎和數千噸用於電話簿印刷的紙張。Stan 同意法國政府當時以八十億法郎（當時為十億美元）購買的設備推動了法國的電子工業。在全球資訊網（World Wide Web）出現之前，Minitel 是世界上最成功的線上服務。然而，我們並沒有看到 Multitech 有機會從這個法國市場佔上一席之地。

粉紅服務

　　另一方面，這種視訊文本微型電訊系統啟發了比利時首相，他曾被警告說，該系統存在許多安全問題，而且大部分諮詢和交流都屬於「粉紅服務」（pink service）的範疇。因此，首相下令建置一個叫做「比利時電話資訊系統」（Belgian

Information System By Telephone，簡稱 BISTEL）的系統。BISTEL 的新穎之處在於網絡安全性及與密碼的整合。BISTEL 的進展神速，它免除了所有行文作業和標有「機密」的由快遞員運送的紙本文件。每個政府成員都透過 BISTEL 開展工作，同時該電話網絡還提供國家司法系統和議會統計數據的途徑。BISTEL 系統很成功，儘管 1986 年出現了第一起駭客攻擊事件，但政府仍將其做爲一項出租服務推廣到其他國家。有一次，總理要求我前往紐西蘭首都威靈頓，把紐西蘭語版的 BISTEL 介紹給紐西蘭政府。

短期內最大的障礙之一，是找到稱職的員工來操作這種新技術。總理堅信有必要爲下一代完全過渡到微電子做好準備。因此，我提出了這樣的問題：Multitech 能否想像出一台能夠將微電子技術引入下一代的電腦。這個想法是在每所比利時學校安裝電腦，能像 BISTEL 那樣透過電話線讓老師們聯繫，它需要有一個安全系統來保護數據並加設某種形式的防火牆。

比利時版 Minitel

首相在 1983 年明確表示，他希望擁有比利時版本的 Minitel，但僅供政府獨家使用，並加設額外的傳輸層安全協定。雖然很明顯，政府永遠不會將其最敏感的數據和電子服務的合約委託給一家在外國的公司，但由於 BISTEL 的經驗，讓總理有信心透過電話數據交換來協調所有訊息。政府熱衷於引

進更多創新的電腦系統，因此，可能有機會與政府在教育領域作出安排。我們同意開發這個窗口，這將需要更多時間，但如果我們成功的話，將會是最值得的。

網路之前的技術

Stan 邀請我安排合適的連結，設計合約的框架，我當仁不讓。我第一次有機會直接與 Multitech 交流他們所追求的協議類型，當我回到比利時，我立即與我在政府部門不同的窗口聯繫，尋找最適切合作的比利時公司，以便在教育部開始討論專案。有關我們怎樣才能把電腦帶到學校，把電腦科學帶給學生呢？由於電腦科學正在改變教育，許多國家都在問同樣的問題，如何才能真正將資訊科技引入學校教育系統。

我只花了幾星期的時間就給 Stan 傳真了一篇報告，表明比利時政府願意開放接受提案，在每所比利時學校安裝電腦系統並在每個教室配備終端設備。當然，所表達的是首相希望是受 BISTEL 啟發的先進技術。無論如何，所有學校都應該透過電話聯結。我們必須記住，這些討論發生在網路尚未出現前的1985 年代。

令人振奮的是，報告所呈現的內容並沒有被認為是不切實際的。Stan 關注初步的研究結果，並與他的工程師團隊決定響應政府的這一願望。令我驚訝的是，Multitech 在短短幾

天內就做出回應，提出了該電腦系統的技術方案。我在沒有簽
訂保密協議的情況下，直接向 BISTEL 電腦系統的主要供應商
分享了這些訊息並徵求意見，並就提案進行了公開討論。

　　提交給比利時政府的專案不是爲了銷售，而是確保達成
共識的架構，它爲 Multitech 奠定了第一個基礎，也是當時
最大的合約。每個人都認同這次的成功是對 Multitech 獨特
作法的肯定。

富有遠見的設計
　　我們的目標不是銷售電腦，而是爲比利時政府所表達的
願景提供內容。Multitech 有效運用其設計能力，提交在技術
上非常先進的硬體和軟體，而且是最具競爭力的價格。當我與
政府專家進行多次討論後，我們整理了一個非常獨特的結論：
這是比利時政府第一次遇見如此靈活、投入、清楚市場趨勢，
且令人超乎預期的供應商。

　　比利時政府公開承認，通常他們在採購時面臨著許多問
題，諸如無法得知下一版本的硬體和軟體，電腦系統只依原樣
提供而缺乏靈活度和客製化調整的彈性，又或者沒有提供系統
服務而只提供硬體設備。政府的回饋是，儘管他們一直透過公
開招標與許多不同的供應商合作，這些招標最後總是繞著標準
化產品進行價格談判。Multitech 則不同，他們的工程師們傾

聽技術規範的要求，會描述「下一步」可能發生的情況。原則上工程師團隊會將政府所可能面臨的情況，納入項目設計中。

預見未來

　　Multitech 展現的靈活性受到讚賞，它能預測 CPU、記憶體系統、連接器、顯示器、投影機下一代版本的發布，甚至包括業界領先企業所不知道的內容。顯然 Multitech 這家不被視為行業領頭羊的公司，卻能掌握了電腦和微電子行業的脈搏，並且可以預見下一步的發展。在這個階段，我們沒有對價格進行任何討論，因為還沒有最終決定，甚至還不清楚最終的配置是什麼，這是產品概念設計和與客戶溝通的階段。Multitech 所展示的技術，經常所開出的價格，將會比第三方提供的任何提案還合理。

　　隨著討論的進展，情況也變得清晰起來。Multitech 不僅能夠製造政府專案中能滿足消費者要求的電腦系統，而且還與美國市場領導者的最新技術發展保持密切聯繫。有人提出疑問：這怎麼可能呢？後來我了解到，透過代工製造合約，Stan 和他的工程師在第一時間了解市場下一個突破性進展，而這些只會在六到十二個月後才為外部人士所知。作為代工製造商，Multitech 可以直接知曉每個零件的每個細節。

　　受比利時政府讚許的富有遠見的設計，不過是對這些突

破性技術的務實理解，這些技術將成為 Multitech 為世界各地的市場領導者所組裝的下一個產品週期的一部分。儘管我們正在討論比利時有史以來最大的教育電腦系統合約，但這對世界市場來說只是滄海一粟。這使我開始了解，為什麼來自一個處於世界政治邊緣國家的 Multitech 是如此特別的合作夥伴。

我開始明白對 Multitech 來說，不僅要擁有自己的品牌，同時也要提供第三方其製造能力是多麼重要。Multitech 憑藉其快速周轉、高度靈活性和有競爭力的價格，再加上最新的技術，有能力成為所有主要電腦公司的代工製造商，並為其多年的成功增長搭建舞台。

當本田先生在 1950 年代，能夠在不到兩年的時間內，從無到有建造一家汽車工廠，就好像 Multitech 可以在一年內建立五家工廠，以滿足 1980 年代的需求。隨著 Multitech 吸引越來越多優秀的華裔美國工程師回國，加快了成長的速度。

教育專案很快就開始看到成果。當然，比利時政府必須進行公開招標，但技術條件和規格是根據 Multitech 所描述和提供的可能性量身定製。這不是一個規定要招標什麼的問題，而是基於每個人都知道，那將是一年內可行的最佳的技術。Multitech 提出超前的技術，那是很有價值的：招標將提供明年可用的運算能力和多功能性，而不是停滯在現有的技術並把

價格壓到最低。這是一種獨特的競爭優勢，勝過任何的傳統經銷商。基本上，這種方法讓比利時政府可以將僅在次年才會上市的產品帶入課堂。既然大家已經充分理解了這一點，而且專案也設計得很好，這時 Multitech 就準備好要討論價格了。

台灣傑出品牌

Multitech 贏得了這份合約，供應五千台電腦組成的網絡。Multitech 品牌將樹立在每個教室裡。我們還不知道 Stan 正計劃更改 Multitech 的名稱、品牌和標識，以便擁有一個更通用的名稱，聽起來不那麼台灣化，而更全球化。

仍有最後一個需要被解決的問題：電腦從哪裡來？當討論生產地點時，Multitech 立即建議將電腦作為組裝套件運送到比利時——由 Multitech 製造印刷電路板和線路等關鍵零組件，但留給比利時人來決定在哪裡完成產品的最終組裝。我向德國團隊提出了質疑，他們似乎再次制定了一項對競爭對手來說不合邏輯的策略：每個人都在尋求經濟規模，而生產必須大量才能具有競爭力。

Multitech 的邏輯

Multitech 證明事實並非如此。據統計，Multitech 在全球擁有二十七個生產中心，這與市場趨勢背道而馳。雖然我認為在比利時的組裝因勞工成本會高太多，但 Multitech 顛覆

這個清況。最後組裝提供的政治價值，往往是爲了給消費者最大的利益，而運輸的成本很快就解釋了這個邏輯：在地組裝減少了運輸和包裝成本，不需要太多時間或專業知識即可組裝，反而更具有競爭力。

協議已經簽署，合約也已經執行，現在已經建立了參考標準，我覺得我可以再次關注其他新業務的增長機會。當我收到第一張支票是 2% 的銷售額佣金時，我興奮地和 Stan 分享正在設計的新數據資料庫專案。客戶是歐洲金融和經濟媒體集團龍頭。我的願景是，每家報紙和雜誌都會分享該國最大公司的所有訊息。然後我們將所有數據匯總到 Excel 電子表格中，這個新穎的軟體使列表和排名變得輕而易舉。

很少有人記得 Excel 最初是在 1985 年爲 Apple 516K 麥金塔電腦編寫的。它是第一個在麥金塔上運行的微軟（Microsoft）產品，由於比爾・蓋茨和史蒂夫・賈伯斯之間的激烈競爭，這出乎大家的意料。這些圖形界面的電子表格有下拉的功能，只需使用滑鼠游標點擊即可做到，與 PC-DOS 電子表格的繁瑣命令界面相比，使用上對大家來說容易多了。

當我第一次在麥金塔電腦上操作該軟體時，我立即決定組一個由十五人組成的團隊，他們擅長十五種不同的語言，從十七個國家收集訊息，建立歐洲最重要公司的排名。曾經

在歐洲擁抱桌面出版的出版商現在變成了國家銀行核心數據
的供應商，擁有各國各企業的所有資產負債表。我們將這些
國家前五百名公司的資料表列轉換爲 Excel 電子表格，並在
1986 年成功出版了第一個歐洲（Euro）500 強，與財富（The
Fortune）500 強展開競爭。我很高興發現一個由微軟設計並
在麥金塔率先推出的產品，擊敗了美國標誌——財富 500 強。

商業的力量

　　這一項創新之所以會成功，總體而言是受到了 Stan 管理
理念的啟發：不討論價格，而是著眼於你所知未來會有的技術，
捷足先登地率先提出，並設計出一個客戶無法拒絕的產品，因
爲他們發現這就是他們想要的。一旦內容被確認，確定價格並
提供最後的驚喜：像本地製造，這樣的回饋是沒有人會預料到
的。這聽起來像是附加的（而它的確是），重點是還能夠以跳
脫一般商業邏輯的方式來降低成本。這就是一家來自遠東的小
公司如何占領市場，並爲自己樹立起名聲的方法。

第二章

管理的藝術：邁向產業化之路

with

施振榮

宏碁集團創辦人

智榮基金會董事長

全球經濟

宏碁成立於 1976 年，現已成為全球頂尖的資通訊科技（Information and Communications Technology，ICT）公司之一，業務遍及全球。Stan 和他的妻子葉紫華以及五個創業夥伴早在 1970 年代就去過矽谷，在他們創立 Multitech 之前，就洞悉微處理器將引領一場工業革命。Stan 覺得華人錯過了第一次煤炭（蒸氣機）和鋼鐵工業革命。整個中國大陸和文化都被當時的西方列強拒在門外，除了日本以外，列強們對亞洲幾乎不感興趣。世界秩序無疑使中國在農業時期多停滯了數十年之久。華人不能再錯過第二次工業革命的機會。Stan 坦言，像台灣這樣的小島，將需依賴第三方合作夥伴。在過去，這些合作夥伴就像殖民者的日本和擁有強大軍事實力的美國。在商業世界中，除非公司處於全球最大經濟體的控制之下，否則勢必依賴他人。

公開透明的管理制度

Stan 熱衷於做他力所能及的事情：將美國科技帶回到他出生的地方。他的思路很清晰：先從台灣開始，再走向世界。一旦建立起創業動力的基礎，Stan 就致力於改變台灣企業的文化。他並不熱衷於只採用美國的管理風格。他希望從非常集中管理的台灣家族企業，轉變成為給予所有加入公司的成員機會的企業。他希望每個員工都成為股東。Stan 在台灣創造了

台灣第一個員工分紅制度，並在接下來的幾十年裡，讓他們中
的許多人成爲了百萬富翁。但是，他不相信美國的股票選擇權
制度，他鼓勵大家把錢投入企業裡。當公司中的每個人都用自
己的錢（通常是整個家族的錢）持有一部分股份時，就需要確
保會計的完全透明，甚至所採取的策略也需要完全透明，這開
創了台灣企業界前所未有的透明制度。

給創業家希望

　　然而，宏碁的成長與矽谷有直接關係，矽谷是華裔美國
人非常密集的地區。Stan 每年迅速投資三至四千萬美元在西
海岸的軟體、通信、光學和半導體領域。如此一來，宏碁與矽
谷建立了密切的關係。Stan 的哲學不僅僅是發展一個企業，
而是帶領他的公司成功進軍世界市場，他最大的貢獻是給許多
企業家帶來很多希望，這是大家有目共睹的。正是這種邏輯讓
Stan 和我成爲了兄弟。我花了一半的時間激勵其他人成爲一
名企業家，所以我也很清楚，如果宏碁成功克服了困難，那麼
以其爲模範，很多企業家也能成功。宏碁成爲台灣乃至亞洲，
培養高科技公司總經理人才最好的平台。

走出舒適區

　　當我定期拜訪 Stan 時，平均每年至少一次，我注意到以
前的地址都不再有效。每次都會有一個新的辦公室可以參觀。
Stan 獨特的管理風格是每年至少更換一次總部。他很清楚這

將迫使每個人每年都得離開自己的舒適區一次，每個人都必須找到自己的新空間。這個經常性的搬遷讓 Stan 驅使每個人清理並正視所有經常被忽略而未完成的事務。

永遠的樂觀

　　業務的發展，並非一切都會按計劃進行。Stan 的永遠樂觀主義是他的強項之一，他相信人性本善，即使在他深感失望的時候，他也從未動搖過。在面對重大困難和難搞的人的挑戰時，他會尋找並會看到光明的一面，表現出對生命的深刻理解。這是我們在職業生涯中，共有的第二個特點：即使是身處棘手的問題中，我們仍然會想方設法，在隧道盡頭找到明亮的光──並知道那不是朝我們開來的火車頭。

大師和宗師

　　這些敏感度讓 Stan 能夠跳脫框架思考，並運用非傳統的方法，在資本家的商業世界中脫穎而出──在商業世界中，價格競爭是無情的，而大多數企業家都追求個人名利。Stan 認為他自己與其說是 CEO，不如說是一位導師，讓人們成為最好的自己。在這種情況下，他不會藏私，目標是創造價值，學生終究會青出於藍。一旦導師肯定了學生超越他的能力，導師就會以他們的成就感到自豪，並昇華到新的智慧境界。我曾寫過一篇關於《大師與宗師》的寓言故事，由中國政府於 2015 年出版，而這正是我們管理風格的第三個共同點。

分享是一種幸福

Stan 的思想非常開放，他完全不介意自己培養的人才離開宏碁。他最好的學生有一天甚至會成為競爭對手。他堅持的邏輯是，如果老學徒成為好的競爭對手，那麼他們也將能為社會做出貢獻。這意味著 Stan 達到了他的終極目標，無庸置疑Stan 是正在崛起的電腦業巨頭的 CEO，這種「共享」人力資源的方式就是一種幸福。因此，當 Stan 藉由代工製造合約詳細了解新組件的開發將如何改變下一代電腦時——不管是他自己的還是他的客戶或競爭對手的電腦——Stan 會毫無保留地公開分享訊息，這就像他的第二天性。這是我們的第四個共同點。

禪師

Stan 是一位藝術家，他分享的新穎系統設計，儘管沒有透露詳細的細節，但直接指出了系統的性能規格。不論是晶片甚至一路到顯示器零件，只要有任何東西發生根本性的變化，他就會完全知道哪些創新或突破是可行的。對 Stan 來說，分享訊息和經驗就是在做功德，施比受更有福，他深信幫助別人就是幫助自己最好的方法。沒有直接的因果關係，是間接的關連，但它是非常永續、可靠且成功的策略。

Stan 接受這樣一個事實，為了讓社會更快地進步，為了讓社群在多年甚至幾代人的辛苦過後，可以享受更好的生活品

質，經驗必須要分享，而且不能作爲少數人的特權。Stan 擁有將「我」放在一邊的獨特能力。有一個禪師與徒弟的經典故事：徒弟總是圍繞著「我」提出問題，然後當師父回答時，徒弟立即接著提出另一個問題，「如果是那樣？我該怎麼做？」。禪師總是會回答：「如果你可以放下『我』，何必擔心該做什麼呢？」Stan 將這種禪宗智慧付諸實踐在生活中。

永不放棄

　　Stan 不是典型的 CEO，他做事的方式反映了台灣新一代科技企業家的精神。Stan 經常提及，他受到他母親的啟發，無論做什麼、無論發生什麼事，都要永遠做一個有用的人。而且作爲回報，他能想像到的最大「用處」就是讓他的母親開心。當 Stan 在生意上遇到問題時，他會反思內省。他總是準備好承認失敗，遞交辭呈，從不擔心面子的問題。當出現問題時，絕不找藉口，最重要的是面對事實，克服當下的困難。

　　Stan 認爲眞正的失敗是放棄，這邏輯很清楚，只要不放棄，不管失敗了多少次——每個人都是在從經驗中學習——應該會準備好做得比以前更好。當宏碁遭遇挫折時，這些經驗必須成爲個人成長的根基，也將成爲公司在逆風中前進的基本功。

預測管理

　　Stan 指出，所有行動的結果都可能與預期的大相徑庭，而現實是往往不如預期的。Stan 將這些重大的挫折和失敗經驗變成了預測管理的系統。在經歷了多次的困難之後，Stan 和他的團隊就會檢查公司的策略方向，只要方向是對的，他們就會認為是可行的，甚至視情況需要改變預期目標和方法，以便快速且堅決地適應不斷變化的環境。Stan 認為這種預測管理，就像在馬拉松比賽中調整自己和公司的配速。落後也不要緊，只要隨時準備繼續前進，一有機會就迎頭趕上，贏得第二場勝利。

非典型的商業邏輯

　　為了激勵自己在宏碁繼續長跑，Stan 想要為某一個人或某件事而活著。他明確表示，他在四十歲之前都是為母親而活，因為他在只有三歲時就失去了父親。四十歲以後，作為一位領先的實業家，他充滿熱忱，要為改善社會的進步而活，並以任何可能的方式做出貢獻。他提前幾年就宣布，他要在退休之日實現人生的價值：幫助別人。Stan 提倡的這種新成長觀，並非依循傳統的商業邏輯，而是將成長定義為「勤奮學習，為社會做出貢獻」。Stan 得出結論，也許他還不快樂，是因為還沒有達成他所有的期望，但他確實認為自己很幸運，因為他擁有能克服許多挫折的力量。

從實力到實力

　　宏碁的英語暨品牌名稱 Multitech 於 1987 年更名成為 Acer，公司不斷壯大。1983 年，當我在世界十大傑出青年頒獎典禮上見到 Stan 時，他公司的營業額為 1.87 億美元，宏碁正朝著 1990 年達到 10 億美元規模的企業邁進。1988 年，我再次拜訪我的朋友 Juan Rada 博士，他是總部設立於日內瓦的國際管理學院 IMI 的所長，也是羅馬俱樂部的成員。他是這所頂級商學院科技管理的教授，後來擔任院長，他也曾在智利天主教大學學習經濟學和社會學，然後在倫敦大學攻讀且獲得博士學位，成為一名數學家。他的政治觀點迫使他離開奧古斯圖・皮諾契特（Augusto Pinochet）獨裁統治下的祖國智利。他具有出色的策略思維，並撰寫了大量關於微電子技術將如何促使服務貿易國際化的論述。他是歐盟委員會訊息技術審查委員會的成員，對宏碁的故事瞭如指掌。Juan 非常熱衷於學習從 CEO、企業理念到各層面的企業策略。

　　我們曾在羅馬俱樂部共同致力於人類論壇專案，該計劃旨在為下一代發聲。事實上，Juan 在 1982 年賣給了我第一台電腦。那是他從 Tandy Corporation 購買的二手 TRS-80 Model III 微型電腦系統，記憶體容量只有 48KB 並採用 Zilog Z80 CPU。由於 Juan 購買了同一製造商的 Model 4，我買了他的舊 Model 3。我用這個型號的電腦工作了兩年，並於 1984 年改用麥金塔，儘管 Juan 覺得這台電腦只是玩具，

而不是個人電腦。

多年來，我與 Juan 分享了 Stan 經營哲學的點點滴滴、Multitech（及後來的 Acer）的策略。他多次提到，如果 Stan 去歐洲時，能到他的商學院並與學生交流，那就太好了。當我更詳細地講述處理比利時政府合約的過程中，我對 Stan 商業方法的第一手經驗時，他非常熱衷於傾聽這種「不同」的方法。Juan 問我是否可以安排與 Stan 的交流，讓他和學術界有機會能學習更多經驗。因此，接下來在台灣的期間我打電話給 Stan——我們沒有打電話的習慣，而是把重要的事情保留到下次見面時再討論。

當時 Juan 正在商談兩所瑞士頂尖的商學院的合併以創立 IMD——他自己所在的 IMI，與洛桑雀巢設立的 IMEDE（他並將在 1989 年至 1992 年擔任 IMD 創始總幹事長和院長），而我得到了 Stan 的首肯，在日內瓦 Conches IMI 校區安排了一次面對面的交流。會議中雙方都確信，創建獨特商業案例的內容綽綽有餘。Stan 準備投入個人時間來支持這件事。

自二十世紀初以來，商業案例一直是商學院教學的核心。然而，當時大多數的案例是由具有特定商業邏輯的美國學者所撰寫。Stan 和宏碁所提供的內容，涵蓋了人力資源、市場行銷、科技技術，並可以推展到多個案例中。好消息是，案例可

以持續更新，甚至能在公司 CEO 在場的情況下更新！最特別的是，這個案例可以直接在宏碁製造的電腦上進行教授。不是分發紙張，而是用一系列提供給學生的磁碟片來總結和記錄案例。這是以前從未嘗試過的方法。這種探討案例的新方法增強了學生轉化概念的獨特能力，得以將複雜概念變得更容易理解、更加生動。這讓學生能夠以 Stan 為榜樣，不僅培養領導技能，同時也在 MBA 文憑的核心學術科目中，融入深厚的知識氛圍。

教學策略

　　我與 Stan 討論了這個可能，他立即接受了這個想法。我們都非常清楚，在世界頂尖的商學院之一用宏碁的電腦研究宏碁的案例，將有助於為品牌創建清晰的形象。Stan 一直堅持建立品牌形象的必要性。因此，我們開始寫一份簡短的敘述——Stan 的故事，介紹他和他的團隊作為新創企業及代工製造商所面臨的挑戰，我們將從個人（Stan）和組織（Acer）兩個面向切入。該案例的所有財務訊息都由當時的管理層提供可獲得的數據，並引導學生做出決策：是否在歐洲開設新的生產工廠？ Stan 樂於分享正在討論中的戰略決策，但沒有透露實際做出了什麼決定。因為他做不到，通常這些決策還沒有做出最後決定。這可能是台灣科技公司教授未來高階管理策略的第一個例子。

擁抱 Stan 的哲學

　　IMI 同意採購電腦，為每個學生配置一台。每堂課中，學生都被要求下載所有訊息，並設身處地思考從 Stan 的角度思考：如果依電腦上所提供的數據，他們會怎麼做？該案例的力量在於，每年一次的會議都有幸邀請 Stan 或宏碁其中一名代表出席，提供最關鍵的問題與事件的背景脈絡，來作為決策的依據。院長 Juan 非常投入，後來他成為了課堂上的講師，不斷提出問題引導學生討論，讓他們理解 Stan 的哲學，這是與殼牌（Shell）、聯合利華（Unilever）或寶僑（P&G）這樣的傳統公司 CEO 的理念截然不同的。

　　我很榮幸能夠參加日內瓦 IMI 的幾次會議，讓我重溫作為一名 MBA 學生的感覺。Juan 是提出這些精心設計問題的高手。宏碁的案例被認為是案例研究方法的全新教學法。Juan 在微電子領域作為策略思想家的經歷，使他經常能夠提前思考好幾步，甚至比 Stan 提前一些，預測可能發生的情況和可能被提出的問題。

　　這種動態的案例研究引起了人們對宏碁的關注。該小組的後續問題超出了課程和案例本身，就像是突然之間，IMI 的畢業生們想像著他們已經準備好要在 Stan 的羽翼下為宏碁工作了。Stan 積極參與課堂，是這個案例成功的關鍵。一方面是謙卑的態度，另一方面是 Stan 以高度透明的方式、直截了

當來回應，使得這個案例成爲整個 MBA 學年學習過程中的亮
點。

　　宏碁還從這些學生身上學到了很多東西，他們直言不諱、
提出挑戰，以案例中提出的想法爲基礎，並在隔年用新數據重
新修正方針。這不是對過去事件的照片式回顧，而是積極參與
了一家快速、高度成長公司的持續發展。此案例從 1988 年直
到 1991 年宏碁面臨重大危機，一直都非常活躍。該年是公司
歷史上第一次出現巨額虧損。雖然公司在世界各地的每個部門
都在爲成長和獲利做出貢獻，但美國業務正在耗盡所有可用現
金。1992 年，Juan 從 IMD 院長離職，加入數位設備公司迪
吉多（Digital Equipment Corporation）進行策略聯盟和創
新，並繼續在甲骨文（Oracle）追求輝煌的職業生涯。

去中心化縮短距離

　　至此，宏碁已確立了自己的地位，即使公司虧損，案
例也已名聲在外。雖然 IMD 從日內瓦搬到了洛桑（而 1988
年的電腦已經被認爲已經過時），但 1982 年我在歐洲工商
管理學院（INSEAD）學習時的國際管理學教授 Helmuth
Schütte，接手了繼續教授宏碁案例的挑戰，並撰寫了一個關
於宏碁集團的新案例。宏碁到 1991 年已經成長爲一家價值 10
億美元的公司，但卻面臨著一場全球性的危機。

　　後來 Stan 沒有時間親自參與，結果，這個案例變成以公司為主，而較不那麼個人化。但另一方面，聚焦是最有趣的，歐洲業務已經獲利，但競爭對手的重新定位和降價暴露了宏碁在經銷方面的弱點，尤其是在北美。課堂上研究的第二個主題是宏碁的決策系統，由於宏碁在分布歐洲的多個製造中心的決策並不總是一帆風順，並且與台灣母公司的壓力聯結有關，因此必須去中心化，才能縮短與客戶之間的距離。

　　1992 年的案例描述了轉機的結果。該案例的生命有限，因為它被公司的新成長所取代。1997 年，我成功讓 Peter Williamson 教授和 Deborah Clyde-Smith 教授撰寫了關於宏碁的第三個案例：建構一個亞洲跨國公司。這個商業案例追溯了宏碁從台灣總部建立跨國公司的歷史。該文件探討了一家亞洲公司在國際擴張中所面臨的障礙、其在聘請高階員工方面的挑戰，以及宏碁如何利用創新策略（包括 1995 年在新加坡證券交易所成立公司）克服這些障礙。該案例研究了實現全球經濟規模的目標、在快速增長和變化的市場中回應本地需求的能力、以及確保為快速擴張所需的融資之間，所存在的緊張關係。

　　到現在為止，任何教授都可以講授宏碁的案例。雖然 IMI 方法是高度個別化的，並且需要宏碁管理部門花費大量時間，但 INSEAD 的兩個案例是獨立的，且不需要任何超出案例資

訊本身的專業知識，卽使在今天仍然可以用一份六歐元的價格來購買！這三個案例正如 Stan 一開始所設想的，最後也成爲宏碁本身重要的學習工具。

一代宗師

我沒預料到 Stan 和宏碁會預留這麼多私人寶貴的時間，另一方面，很明顯，他們不是來教課的，而是來分享經驗的。當然，這也讓他們能從分享與交流中學習，正如禪師所意識到，只有向他所指導的最好的學生學習，他才能成爲宗師。經過這些年，Stan 無疑成爲了一位宗師。

善有善報

宏碁（就此而言，沒有一家台灣科技企業）以前從未接受過來自世界頂級商學院最優秀、好學的學生的審視。宏碁的案例之所以脫穎而出，是因爲 Stan 以感恩和謙遜的胸襟，提供了遠遠超乎大量文件和教學大綱的個人見解。世界有機會向台灣學習，同時台灣有機會向世界上最聰明的人學習。

第三章

研究的力量：工業技術研究院

with

徐爵民

前工研院院長

前科技部部長

零排放

　　Stan 對我 1994 年 4 月在聯合國大學被任命作為聯合國智庫籌備《聯合國氣候變化綱要公約》（UNFCCC）締約國會議（COP3）的代表感到非常驚訝。第 3 屆聯合國氣候峰會，將於 1997 年 12 月 1 日至 10 日在日本京都舉行。我籌備、出席並監督了首三屆的 COP。2023 年阿布達比將主辦 COP28，COP 是為《聯合國氣候變化綱要公約》（UNFCCC）而組織的大型會議，一百九十六個聯合國成員國政府將同意（或繼續不同意）控制氣候變遷。

　　自《巴黎協定》以來，目標就是將全球平均氣溫上升幅度控制在 1.5° C 以下。Stan 和許多其他人一樣，不明白聯合國和日本政府為何同意任命我。更不用說，他不明白為什麼我同意成為這個官僚程序的一部分。但也許對我來說最糟糕的是，Stan 非常不願意接受我所提出的「零排放」，來作為京都 COP 核心主題的概念。他認為這是一個美好的願景，但實際上並不可行。

不浪費、不需要

　　1994 年 2 月，日本政府和聯合國決定任命我為聯合國大學校長 Heitor Gurgulino de Souza 教授博士的特別顧問。他得到了約旦首相兼聯合國大學理事會主席阿卜杜勒‧薩拉姆‧馬賈利（HE Abdel Salam Majali）閣下的支持。我的

任務是準備一系列廣泛的創新農業和工業項目，使社會逐步實現零排放。只有像日本這樣的國家才會接受「勿体無い」（Motanai）的概念——不浪費、不需要，我們發現這就像我提出的零排放一樣大膽的提案。

　　任命我這樣一位在創辦新創企業方面有良好記錄的年輕企業家是非常大膽的決定，畢竟除了著名商學院——法國楓丹白露歐洲工商管理學院（INSEAD in Fontainebleau, France）的 MBA 學位外，我並沒有任何學歷足以領導一群高素質學術界網絡中的教授、博士和博士後學生。當然，約旦首相和聯合國大學校長在先前羅馬俱樂部的聯合活動中已經對我有了認識，但就我的任命資歷的合理性來說，還是稍顯牽強。

科學家或企業家

　　我向 Stan 解釋，如果聯合國大學和日本政府請求世界各地的候選人申請籌備氣候峰會的智庫負責人職位，他們很可能會收到數千份提案，而最後的選擇將會是政治性的。相反的，如果日本政府和聯合國大學向具有尖端環保生產和消費模式設計和實作經驗的企業家發出呼籲，那麼可能就沒有人會申請了。這個現實爲我提供了一個難得的機會。

　　收到邀請時我三十六歲，儘管我的年齡和我的學術成就

有限，但仍被委託負責爲三年後的《京都議定書》，準備基於紮實科學和技術的創新內容與提案。雖然我以前曾與研發部門打過交道，但擁有如此多的學者，並與最負盛名的大學建立了聯繫，這是很難得的機會，令人難以抗拒。因此，我有了設在東京市中心澀谷的辦公室和一個由 Masako Unoura 女士協調的團隊。每個人都沒想到，一次簽一年的合約，可以選擇續約兩次，一直到京都議定會議舉行。

1994 年網上的寬頻視訊會議

當我知道能透過聯合國大學的電腦網絡以 T1 線路與世界相連時（應我的明確要求在 Mac 上運行），事情變得更加有趣了。T1 線路通過高速網路存取來傳輸語音和數據，當時估計傳輸速度爲每秒 100MB，即使到今天這也被認爲是非常快速的連線。這一切都與容量、可靠性和功能有關。這種一流的網路連線意味著早在 1994 年就可以在名爲 CU-SeeMe 的軟體上發起寬頻視訊會議。該軟體於 1992 年首次爲麥金塔開發，後來於 1994 年也開發 Windows 版本。

那是 Zoom 熱潮之前的二十六年，我透過視訊會議軟體，進行全球零排放概念的推廣。達沃斯世界經濟論壇的明日全球領袖西和彥先生和孫正義先生（軟銀集團創辦人）成爲了有力的日本支持者。拜高性能和前瞻性軟體之賜，來自日本的科技企業家一起加入了我的環境使命。

引導世界走向新工業模式的機會對我極具吸引力。能透過寬頻視訊召開會議是一個額外的收穫，這也增加了我對 ICT 的好奇，它使我能夠藉由網路來組織有史以來首次政府領袖會議。瑞典首相英瓦爾・卡爾松（Ingvar Carlsson）於 1995 年 4 月 5 日在他的羅森巴德辦公室透過網路直播，參加了在日本聯合國大學舉行的世界零排放大會（World Congress on Zero Emissions）。

當年稍後，在西和彥與《朝日新聞》的大力支持下，我組織了第一次全球會議，將南非總統曼德拉從他位於普里托利亞的家中與以色列總理西蒙・佩雷斯（Shimon Perez）在耶路撒冷的辦公室，以及來自亞特蘭大的美國前總統卡特和十二位在廣島的諾貝爾得主串聯起來。我設法讓這個耗費高達日本和美國之間 50% 可用頻寬的視訊會議，可以將內容傳達到決策者的大腦中。

設計、建造和運營零排放工廠

作為一名在 IT 行業（桌面出版和數據庫管理）發起過多項倡議的年輕實業家，我還有一個資歷要補充，那就是在環境領域處於領先地位：1992 年設立了一家零排放工廠，我設計、建造和運營了有史以來第一家零排放工廠。而且，我很晚才意識到，雖然我的工廠是最友善的生態，但我依賴棕櫚油作為可生物分解的原料。這意味著我雖是友善生態的，但為了取

得可生物分解的油而破壞雨林，那並不是永續的商業模式。雖然很難，但我不用多想就決定放棄，並必須重新思考如何東山再起，這種拒絕只做到「減低破壞」的強烈道德立場獲得了所有環保組織的肯定。我清楚該如何成功建立起這種創新結構，以及如何克服所有障礙以真正實現可永續發展的誠實概念，然而我驚訝的是，竟然沒有人效仿這個案例。作為這個智庫的負責人，或許可以創造對建造工業廠房及商業模式的廣泛興趣，並擁有真正永續性的商業模式，而不只是漂綠。有沒有可能分享、推廣這種工廠的設計和生產理念？

　　Stan 意識到，我可能是第一個有實際操作經驗，將零排放願景轉化為一間企業的產業策略的人，然而他仍誠實且直接告訴我──即使經過我堅持不懈地闡述──他認為我的零排放概念對於產業來說，還是過於理想而不切實際了。他喜歡我的想法且支持我在做的事，並認為這是向前邁進的重要一步，但他沒有將它連結到下一世代的產業模式。

　　我更加詳盡地向 Stan 解釋工廠的零排放模式。工廠生產的可自然分解的清潔劑，基本上是從木頭萃取的，因此我們在比利時砍伐當地的樹木，也重新種植了我們砍伐的所有樹木。這個工業生產基地在能源和水資源方面是自給自足的，工廠沒有連接污水系統，所有廢水都在現場蘆葦叢進行淨化，這是過去沒有人做過的。當這家工廠於 1992 年 10 月 15 日落成時，

世界的媒體報導了這座工業建築上的大型草屋頂，該建築的設計目的不是爲了看起來「夠綠」，重點是爲了幫助建築內部的溫度調節，而這個設計的確做到了。來自四十多個國家的媒體報導了這棟獨特建築的落成典禮，其中包括 CNN 黃金時段新聞。媒體專題報導了這家工廠，裡面的工人若是騎自行車上班，每英里可以拿到半美元的補貼。我們與工會達成協議，讓工廠裡的所有工人都穿著巴塔哥尼亞內衣，使用最優秀的登山者攀登喜馬拉雅山時使用的調溫紙巾保暖。這使我能夠將工廠內的溫度控制設定在 12° C，從而節省了大量能源。最後，該公司的車隊早在 1992 年就已僅使用從餐館回收的用過的植物油作爲生質燃料。

這件事引起了聯合國的注意，我受邀參加了 1992 年在里約熱內盧舉行的聯合國環境與發展會議（United Nations Conference on Environment and Development，UNCED）。在那裡我會見了許多國家元首，他們都非常有興趣了解這種稱爲「零排放任務」的新型態製造方式。UNCED 決定每年組織一次 COP 氣候變遷的會議，各國政府將在會議上就如何緩解氣候變化的嚴重性達成共識。而這正是我成爲智庫負責人的機會。我同意 Stan 的觀點，如果我準備好爲聯合國這樣的官僚組織工作，我需要先弄清楚自己的想法。我準備好了！儘管我的清潔劑公司中就有好幾位研究人員，我也受益於資訊科技相關的科學技術的研發，但這是我第一次有機會同

時與數百名科學家打交道。

目標爲零

於是我接受了這個機會與挑戰，並於 1994 年 4 月 6 日開始在日本與東京、大阪、京都等大學最頂尖的學者合作。在國際之家（Internation House）逗留了四個星期後，應其總裁、前文部省大臣（相當於教育部長）和羅馬俱樂部成員永井道雄的邀請，我在距離辦公室約一小時四十分鐘路程的鎌倉租了一間小茶館，住在沒有任何家具的八張榻榻米大的房間。每天早上五點二十三分搭乘火車去辦公室，在那裡，我的任務是聯繫學術機構、研究機構、學者，甚至諾貝爾獎得主和政府部長們。這是第一次我能夠提出所有問題：我們如何才能將工業流程、製造系統和消費者行爲等轉變爲「零排放」模式？另一個重要的細節是：我在 1989 年閱讀萊斯特‧布朗的年度《世界現況》報告後，就創造了「零排放」一詞。當時，我得出結論是——我們解決氣候問題的唯一方法，是工業界承諾於這個非常簡單而明確的零排放目標。

零缺陷

當日本官員和媒體輪番詢問我使用「零排放」一詞和縮寫 ZERI（Zero Emissions Research and Initiatives，零排放研究倡議）的邏輯時，我提出零排放的邏輯可能會受到科學家和學術界的質疑，因爲它似乎違反了熱力學第二定律。然而，

業界一直採取了截然不同的作法。「零」也許不可能達成，但產業需要明確的目標，這些目標易於理解並易於向所有股東解釋。業界習慣於以「零缺陷」為目標開展工作，這與全面品質管理（Total Quality Control，TQC）的概念相同，意味著沒有管理者會容忍缺陷。而如果僅由員工控制著每件產品並篩選掉任何有缺陷的產品，「零缺陷」將會是無法實現的——必須由工程端設計出永遠不會導致產品出現瑕疵的系統。今天，各行各業已經接受了這一概念。我想把這個概念擴展到廢棄物和碳排放。

零排放、零浪費

　　這個邏輯也適用於健康和安全。沒有人會質疑零事故目標的必要性。有人會聲稱，必須要去容忍每年發生的幾起致命工安事故。雖然事故確實會發生，但每個人都有責任要竭盡所能去消除事故的每一個風險。日本外務省、文部省、科學技術廳和聯合國大學的官員認為這個邏輯很有說服力。到目前我已準備周詳，並獲得批准將「零排放和零浪費」定為《京都議定書》的目標——其靈感來自於大自然，自然循環是零浪費的——接下來可以開始串聯網絡，將全世界科學家團結在一起。我決心設計具體的示範與案例，預定用三年的時間來實現這個目標。

　　多虧我與羅馬俱樂部的淵源，我立即與多年來一直保持聯繫的著名學術機構建立了連結。這些機構將我視為能定義新

界限並設計新的商業模式，有創造力和創新精神的企業家。他們很清楚我對技術及科學的掌握非常有限。然而，我作為創新者的過往經歷使我能夠維持與瑞典皇家科學院的定期交流，在那裡我與卡羅林斯卡學院（Karolinka Institute）院長兼羅馬俱樂部成員 Carl-Goran Hedén 教授共事。學院關注到了這些提案，並熱衷於共同努力，為瑞典島嶼樹立榜樣，最終哥特蘭島被選為示範零排放的前導專案。

周邊島嶼樹立榜樣

我立即前往哥特蘭島，我們設計了一個僅使用島上所有可用資源（包括最近關閉的水泥廠和啤酒廠）的經濟增長計劃。哥島的土壤鹼性很強，這使其成為歐洲唯一可以養殖無沙門氏菌雞的地方。新的養雞場只使用來自波羅的海的當地穀物、草藥、昆蟲和海藻來餵養母雞。此外，學院建議我們重新評估胡蘿蔔的種植和生產。組建團隊，調動資金花了幾週時間，我們便著手進行基於零排放或所有資源就地利用的地方經濟轉型。我們還被賦予了一項社會任務：這個專案能為離開波羅的海這片孤立土地，大量外流的下一代提供什麼？如果他們看不到任何未來，這個島就沒有未來。

在與著名的瑞典科學院建立了第一次聯繫並明確說明清楚專案的方向後，我認為與中國科學院建立工作關係是必不可少的。瑞典皇家學院同意在斯德哥爾摩和北京之間舉辦有史以

來第一次網路視訊會議，我也受邀參加北京的會議活動。中科院的主要聯繫人是李文華博士。1994 年，中科院在世界最佳研發機構名單上還不是第一，但已經憑藉該院在化學、物理科學、地球與環境科學領域的成果鞏固了其新興的主導地位。

零排放啤酒廠

　　中科院耐心地聽了我的論點，並對我的邀請非常重視：具有工業應用的環境科學在他們的目標清單中名列前茅。學院提議設計一座零排放啤酒廠。我沒有質疑他們的選擇——我是比利時人並且懂啤酒。我們立刻就著手進行，我很欣賞這種不官僚的作風，並專注釐清該如何重新設計啤酒廠，就好像在設計一個生態系統那樣。我們沒有浪費時間，立刻投入，將可行性評估轉化爲在哥特蘭島的一個計劃，由一家小型釀酒廠與一家麵包店合作，用釀造後剩餘的穀物（酒粕）烤麵包；並在納米比亞，與納米比亞啤酒廠和納米比亞大學合作，我們利用剩餘穀物的豐富纖維來種植蘑菇。從此，我們有了第一個南南軸（South-South axis）。

　　我們一起找出了啤酒廢料能夠轉化爲麵包的比率，甚至作爲種蘑菇的基質的比率，結果令人刮目相看。當我們展示採摘蘑菇的第一張照片時，瑞典科學院反應熱烈。來自中國的投入立即部署在納米比亞和哥特蘭島。現在，該島嶼的計劃因啤酒和麵包而變得更加豐富。島上的在地工業準備將大型舊啤酒

廠改造成一所大學，一家新的小型啤酒廠開始與主要的麵包店合作。這種關係是熱絡的，三個月後我向聯合國宣布，不僅建立的網絡活絡了，我們也持續運轉多個計劃並引來資金挹注。

美國國家實驗室

由於這一個初步進展，我大膽地主動聯繫了美國國家實驗室，包括橡樹嶺國家實驗室（Oak Ridge National Laboratories）和洛斯阿拉莫斯（Los Alamos）國家實驗室。全體董事會都熱衷於能夠一起工作並發揮創造性思維，以找到可以在 1997 年召開京都會議之前實施的解決方案。當田納西河流域管理局（Tennessee Valley Authority）執行長克雷文・克羅威爾（Craven Crowell）和橡樹嶺國家實驗室主任阿爾文・特里維爾皮斯（Alvin Trivelpiece），在查塔努加市（Chattanooga）市長吉恩・羅伯茨（Gene Roberts）的支持下，邀請整個聯合國大學及 ZERI 網絡來到查塔努加參加由美國能源部長黑澤爾・奧利裡（Hazel O'Leary）親自參加的第二屆世界零排放大會，我們意識到，有希望超越現狀的政治意志。

這並不奇怪，因為美國副總統艾爾・高爾（Al Gore）已將環境問題提上議程，並表示他將前往日本簽署《京都議定書》。在這樣的政治高度組織這次活動，甚至有來自亞洲、非洲和拉丁美洲的部長參加，這證明了氣候變遷和相關的產業模式轉變

正受到全球關注。零排放的概念在某種程度上像是會議召集
人，儘管我在支撐零排放邏輯的最基本論點上持續受到挑戰。
我向所有準備好傾聽的人呼籲：我們現在需要企業家。

台灣減緩氣候變遷研究

　　Stan 對我分享的進展和我表現出的熱情感到驚訝，他覺
得既然我集結了如此廣泛的國際支持，他想知道有沒有台灣
發揮的空間。他本想在永續發展領域更加積極主動，但他認
為有必要先推動台灣政府。我想透過研發機構來運作會更好，
他主動介紹我認識台灣的領先研究機構——工業技術研究院
（ITRI）。他的描述很明確：這個組織是世界上的佼佼者之
一。當時有超過六千名研究人員，這是一個不可忽視的組織。
然而，當我研究他們的組織架構和計畫內容時，我卻失望地發
現他們根本沒有關注環境。

　　Stan 的引介需要我採取一些細緻的作法，我不是獨立企
業家，而是聯合國的官方顧問。我沒有絕對的自由可以隨時隨
地與任何人來往。台灣不是聯合國會員國，而且在地緣政治上
被視為中國的一部分，這個事實讓我必須尊重其中被規範的許
多限制。然而，我與聯合國教科文組織 UNESCO 總幹事弗雷
德里科‧薩拉戈薩（Frederico Mayor Zaragoza）市長（也
是羅馬俱樂部成員）釐清狀況，他負責監督我正式駐紮的聯合
國大學。他向我確定，任何緩解氣候變遷的科學合作都會受到

歡迎，因爲其目標是爲公共利益做出貢獻。這不難理解，訪問
非聯合國會員國並不是一般旅程，而我的角色必須是非政治性
的，所以我決定自己支付旅行和酒店費用，以避免任何誤解或
不便。在獲得聯合國教科文組織的批准後，我從東京飛到台
灣，前往新竹與這個研究的火車頭會面。

工業研究的火車頭

　　工研院是台灣非常有名的公立工業研究機構，在協助工業
發展新高度方面扮演舉足輕重的角色。不過，在國外並沒有那
麼有名，當時大多是與國內的工業界合作，工研院四十年來一
直成功地支持台灣工業的發展。在 1996 年準備訪問時，我決
定將環境、氣候變化甚至可永續性，作爲我們討論的重心。人
們可能都會注意到，台灣作爲微電子行業的強國，在競爭激烈
的市場中，所有的注意力都集中在效能和成長。但是，台灣人
的平均排放量是中國大陸的兩倍，人們並未注意到這個事實。

　　儘管如此，與工研院的會議卻讓人眼睛爲之一
亮。我認識中國科學院、馬克斯普朗克研究院（Max
Planck Institutes）、弗勞恩霍夫研究所（Frauenhofer
Institute）、法國國家科學研究中心（CNRS）、日本 AIST
產業技術綜合研究所、俄羅斯科學院、美國國家實驗室，以及
聯合國大學的日本同事介紹給我的世界各地的工業研究中心，
但不知何故，這個工研院研究所卻默默無聞。我聽了他們研究

內容的介紹後，可以窺見台灣工業的發展：生物醫學技術和設備；新材料和化學品，尤其是聚合物；ICT，尤其聚焦在半導體、電子、顯示器和視覺系統（光電）、高速通信和能源系統。其中超過三分之二的資金由政府提供，證實工研院的研發是工業發展應辦事項的延伸。

　　我的首要任務是傾聽他們的發展規劃、雄心和與專利註冊競爭的動力。這些研究人員在競爭非常激烈的環境中工作，有嚴格的時限和很少的橫向連結。但因工研院缺少環境面向的計畫，我的第一個案子則是關於胡蘿蔔和啤酒的，我們並沒有太多共通點。因此，我分享了作為企業家的個人經歷，也是這些經歷讓我在聯合國大學獲得任命。那是場有趣的討論，尤其是關於我在比利時的工廠。過不久，我們都對 ZERI 受到美國關注感到興趣，當弄清楚國際論壇是橡樹嶺國家實驗室和田納西河流域管理局贊助的，而且美國的國家實驗室是該計劃的一部分時，似乎挑起他們加入更深層次討論的熱情。

　　我的結論是，那些只在乎經濟規模和割喉降低成本，偷工減料的做法，環境無法保證他們可以進入市場，再不久，將會出現了一種新的商業模式。工研院認為這很有遠見，但對他們來說可能太遙遠也不會感興趣。他們的研究受到政治議題的約束，而有每四年會被擾亂的風險，就好像是既然我們無法達成共識，那就讓我們尊重彼此有不同意見。

永續技術的組合

　　1996 年的訪問最重要的結果是破冰，並建立了網絡連結，Stan 的引介，真正開啟了大家的思維。在 1997 年完成任務後，我每兩到三年就會回訪工研院。從他們正在努力的課題來學習是很有趣的事，看到他們的 Li-Fi 版本令我很興奮，那是最初由 SuatTopsu 教授在法國發明的光照上網技術，現在就在這裡展出。我也很喜歡他們用紙製成的喇叭，這是去物質化（將不必要的物質消耗過程降到最低）的絕佳案例，也是環境績效進步的實例。我們討論了建築材料以及電腦和數控（CNC）機械在竹材料（植物鋼）的大規模生產中的應用。很快，包括透明壓力板和生態防火板在內的一整套新材料引起了我的注意。

　　隨著時間的推移，我很高興看到工研院的研究組合中，有越來越多的永續發展研究計畫。我進一步追蹤的三項能源計劃是透明太陽能薄膜、用於發電的管內渦輪機，以及熱能發電設備。工研院的研究人員甚至在新計畫成形時會主動通知我，徵求建議並提供有關競爭或互補技術的所有訊息，這要歸功於合約簽訂後，我一直保持活躍的 ZERI 網絡。

　　隨著對彼此的信心增長，工研院開放接受之前未曾考慮過的挑戰。我尋思，是否有合適的技術可以挑戰工研院自有開發的能力？我提出了由瑞典發明家 Curt Hallberg 設計，能應

用於淨化水質的渦流的非線性數學模型。然後，由於工研院對醫療設備有著明顯的興趣，所以我提出了由身體供電，不需要電池運作的心電圖設備。這是 Jorge Reynolds 博士為記錄太平洋鯨魚的心跳而設計的 EKG 心電圖微型版本。我向他們提出挑戰，希望有朝一日奈米橋（NanoBridge），可以取代「笨重」的心律調整器。然後，我還提出了 Shawn Frayne 發明的顫振技術，該技術可以讓垂直風力發電機產生微量電力，這些發電機只需一組簡單的磁鐵，隨著微風顫動造電。這時，工研院已經成立了快速成型中心，這使我們能夠推進這些專案。

創新是為了更美好的未來

接著，來了一個驚喜，2013 年 6 月，我收到工研院院長徐爵民博士的正式來信，邀請我參加慶祝工研院成立四十週年「生態創新新機遇」的特別活動，主題是「創新是為了更好的未來」。我受邀分享我的理念：在大自然的啟發中尋找機會，從中篩選最適切、最相關的部分，並且必須接續著實作。不論是工業發展，或者是面對環境的需求，關鍵都在於：我們必須加快腳步。

其他發言者發表了美國的氣候行動計劃，該計劃是在歐巴馬總統的倡議下實施的。事實上，在慶祝四十週年之際，工研院在政府的支持下，將生態創新列為研究的五個核心支柱之一。雖然我不能在這一策略轉變中扮演任何角色或承擔任

何責任，但這種由全球百大創新機構之一（Top 100 Global
Innovators，由科睿唯安 Clarivate Inc. 發布）與十家致力
於永續發展的台灣公司的策略轉變，將產生重大的在地影響。

　　與工研院多年的互動和對話，讓我們相互滋養，而且很
明顯已產生影響，朝永續發展的轉變，現在已由下而上滲透到
整個機構。我們展開了一個關於竹材料的密切合作，這在本書
中，將會有進一步的描述。回顧與工研院近三十年的互動，我
很高興 Stan 讓我發現這個研究能力強大的機構。讓我們繼續
關注可能會孕育出下一代創新的地方，包括台灣。

第四章

永續領導的力量

with

簡又新

台灣永續能源研究基金會（TAISE）董事長

人事物的連結

我有幸與來自世界各地的十位傑出人物齊聚，慶祝這件極受歡迎的計畫。數百名渴望被選中的候選人，以及我們這些曾有幸被選中者，都非常想知道誰將會是新的獲獎者。1985 年，也就是我和 Stan 獲此殊榮之後的兩年，國際青商會表揚了我以及四位持續關注未來幾年事務的人士：比利時瓦隆政府創新地區部長梅爾基奧爾‧瓦特萊（Melchior Wathelet），他後來成爲該區主席；曼努埃爾‧埃爾金‧帕塔羅約（Manuel Elkin Patarroyo），哥倫比亞研究員、也是一名醫生，他發明了第一種／劑抗瘧疾疫苗；史特夫‧科卡納（Steve Kekana），南非盲人音樂家，他在母國爲和平而唱；以及擁護零排放概念的台灣首屆環保署署長簡又新（Eugene Chien）。

Eugene 和其他所有人參加了 1985 年 10 月在中南美洲哥倫比亞卡塔赫納所舉行的國際青商會世界大會。哥倫比亞前總統貝利薩里奧‧貝坦庫爾（Belisario Betancur）在大會堂接待了我們所有人，並主持主題演講會議。我們被安排住在卡塔赫納海灣的州議會大廈，儘管行程非常忙碌，但在大會所提供的舒適空間裡，讓我們能夠相互討論和交流。科卡納創作音樂和歌曲，帕塔羅約主張透過快速通道批准他的疫苗，瓦特萊交流了將微電子技術導入比利時的最新狀況，而 Eugene 和我討論了環境政策。

Eugene 擁有美國紐約大學航空工程學博士學位，是一名優異的工程師，但他熱衷於科普教育，取得學位後很快就投入教育領域，在大學擔任教授和院長。他和我不僅熱衷於擁抱創新，還樂於和下一個世代分享研發、科學和技術方面的突破。

簡單來說，Eugene 具備進入高利潤企業、成為工程師所需的一切條件，但他卻先選擇進入教育領域，以及參與媒體事務，那是他在教學生涯的餘韻時刻中，得以保持熱情的動力來源之一。我同意他的看法，當我們需要展現創新時，盡量不要用專業的工程術語，而是使用讓閱聽眾都能理解的淺顯詞彙。當時，他主持的科普類電視節目非常受歡迎，旋即他也暫離學界，轉入政壇，成為台北市選區第一高票當選的立法委員。

與 Stan 的相識搭起一段特殊情誼

Eugene 得知我與他非常欽佩的 Stan 交往密切，感到很驚訝。Stan 和 Eugene 都是台灣人，因此，我們三人間建立了一種特殊的情誼。每當我去台灣時，Stan 通常會提前知道，而 Eugene 常是座上嘉賓。我們很少討論航空工業，倒是在環境議題方面，我們總能夠彼此討教。

台灣具備全球化能耐的優異資通訊企業很多，且多為高成長的公司，台灣更是世界上人口平均收入成長最多的二十五個經濟體之一，然而碳排放量竟然有全球平均水準兩倍以上，

明顯高於中國。由於我剛讀完計劃在歐洲首次出版的《1986年世界現況報告》的手稿（《The 1986 State of the World Report》，已於 1987 年 1 月出版），當時，我敦促 Eugene 考慮將這份報告翻譯成中文出版。

地球環境的健康情況

《1986 年世現況年度報告》對全球永續社會的發展進行評估。我向 Eugene 推薦了這本報告，它監測土地、水、能源和生物多樣性等全球資源的變化，並重點關注環境對經濟的影響。這份權威報告並非全然悲觀的，它還包括創新和技術成功發展的相關新聞，同時對政策制定者進行批判性審視。

當時以我對台灣粗淺的認知，這個小島對外關係是封閉的，不喜歡在如永續發展這樣的新領域，參與政策層面的持續交流，況且那時「永續發展」這個詞幾乎沒在使用。因此，商業、學術和企業領導階層都需要接受國家政策和計劃的定期審查，包括實現國家級目標的進展狀況。該報告也對各國政府和國際發展機構所承諾的財政情況進行了調查。這份報告可以說是對於環境健康狀況和人類前進方向檢視的壓力錶。

我大膽地與 Eugene 分享對台灣的印象：台灣生活在一種虛假的安全感中。台灣無法自給自足，非常仰賴原物料和能源進口，這些都是不爭的事實，在資源有限的情況下，亞洲四

小龍的成長是靠一代代企業家的堅定信念而成功。問題是：我
們能做些什麼呢？我參考研討國際政治問題的全球智庫——羅
馬俱樂部的相關報告，加上理解動態情況下所需的數學模型，
希望能在高度複雜的決策制定中，找到反饋迴路機制和乘數效
應。我在 Eugene 身上發現了一位知識分子的非凡高度，他
對自己同胞們的立場瞭解得一清二楚。他是否認同，如今不該
再被經濟成長和龐大的外匯蒙蔽了雙眼，而是該要開始照顧生
活環境和商業賴以生存的生態系統了呢？

任重道遠，擔起台灣首屆環保署長之責

平均每年我會去台灣一趟，不難看出其經濟持續快速成
長的變化。只需觀察在鋼鐵與玻璃周圍的混凝土和水泥所使用
的數量，就會意識到在 1981 年至 1995 年台灣經濟正以每年
7.5% 像奇蹟一般的速度成長，可是卻很少人關注環境保護議
題。1965 年，台灣化學產品營業額僅為三億美元（當時美元
匯率 1：40），不到三十年時間，成長百倍。

1987 年，Eugene 成為台灣首位環境保護署（以下簡稱
環保署）署長。他必須面對巨大的挑戰，因為一切得從頭開始
創建，從硬體的辦公室設立，建立規劃空氣品質和噪音、水質、
廢棄物管理、衛生和有毒廢物、爭端解決、環境監測和資訊管
理等軟體規章法令。

需要做出重大轉變

　　當時他所必須面對的事實是：台灣人對塑膠使用的依賴。不只是企業界因塑膠而繁榮，台灣的消費者也是塑膠的狂熱使用者，當時平均每人每天會使用兩到三個塑膠袋，相當於每年使用七百多個塑膠袋，這個數量僅少於日本人。直到 2018 年，環保署才宣布 2030 年前必須逐步淘汰所有一次性塑膠產品。但這實在是太晚了，幾十年來，數百萬噸塑膠被丟棄，最後都進入垃圾掩埋場、焚化爐和海洋。

　　除了沙塵暴、霧霾和由水傳播輻射帶來的污染物外，當地的污染物還透過島上山區溪流輸送到海岸。儘管台灣當局不斷改進分析技術，使訊息更容易取得，但環境問題也隨之增加，當時迫切需要政策的訂定。Eugene 作為世界首位引進「延伸生產者責任制（Extended Producer Responsibility）」在台灣入法的人之一，該制度確保了污染者付費原則的有效性。

透明度

　　Eugene 最重要的貢獻是多年來推動制度，促進體制之透明化，這對環境保護產生重要的效益，也是一件非常困難的選擇。Eugene 無疑成為關鍵人物，他確保資訊流通、可供諮詢，在面對衝突能找到友好解決方案，並推動日本模式的垃圾焚燒設施，奠定了台灣廢棄物處理的基礎。在 Eugene 的全面規劃下，如今台灣幾乎每個縣市都建立了自己的垃圾焚燒廠。

政界轉入 NGO，成立 TAISE 滾動永續理念

Eugene 於 1993 年至 1997 年擔任台灣駐英國代表期間，我都沒有見過他。2007 年，我們在 Stan 最喜歡的素食餐廳聚會時才再次相遇。那時，Eugene 創立了「台灣永續能源研究基金會（Taiwan Institute for Sustainable Energy，簡稱 TAISE）」，這是他職業生涯中令人讚嘆的轉變。他成為氣候變遷、生物多樣性等等相關議題的代言人，並為從化石燃料（Fossil Fuel）轉型至再生能源的社會，提供了許多強而有力的成功案例與參考範本。

激勵政府採取行動

台灣並非《聯合國氣候變遷框架公約》的締約國，然而，我從 Eugene 不懈的工作態度，以及他曾擔任外交部長的經歷中了解到，即便後來身處於非政府組織的他，仍激勵政府以如同締約國一般的行動與高度來推展永續作為，這正是一項了不起的成就。

他不僅希望台灣與國際標準接軌，更進一步還希冀走在經常滯後的法律規章前面。因為他深知，建立品牌信譽的效益，可以激勵企業去超越現況的商業運作模式。

與《巴黎協定》同步

儘管處於「局外」，台灣卻密切關注全球所有的氣候措施

討論。他以非政府組織的角色積極參與國內外氣候變遷會議，並持續發布碳減排的相關演講、舉辦論壇與交流計畫等等倡議與活動。他的作為值得為之喝采。

台灣對於永續環境的哲學是：我們的星球處於危險之中，如果每個人都是真正負責任的世界公民，那麼台灣就必須調整行動，並準備與世界其他國家合作，以實現《巴黎協定》設定的目標——讓全球升溫溫度控制在 1.5° C 之下。

台灣制定了溫室氣體減排的目標。透過《氣候變遷因應法》修法且目前已經三讀通過，其中納入「2050 年淨零排放目標」。該法律框架加強了對產業、交通和建築業的碳排放規定，包括向產業收取碳排放費，以達到溫室氣體減排項目的目標。同時，台灣還推廣碳標籤（carbon labels）標章，即透過產品生命週期方式註記碳足跡，讓企業在商品與服務低碳排放的努力，得以讓消費者看見與瞭解。

謙沖為懷的永續領導風範

Eugene 對自己所扮演的角色一直抱持謙虛的態度，令我印象深刻的是，當處理棘手問題時，他時常不介入討論，反而是默默在幕後努力與推動，這令我學到很多。事實上，Eugene 並不在意是誰制定了最後的決策，或者促成這些最終決定，他只是有建設性、有幫助地，在確保整體生態轉型和基

於真正的再生能源的能源政策上領銜出力。

　　近年來台灣積極推動再生能源發展，目標是 2025 年實現再生能源占整體能源結構比例逾 20%，但進展緩慢。截至 2022 年，再生能源占台灣能源使用量比例遠低於 10%，其中近一半來自太陽能發電，近四分之一來自水力，其餘來自風能。

　　由於台灣地少人稠，再生能源的推廣進展緩慢，且人口密度位居世界第十七位，太陽能板開發商取得陸地大型裝置的批准相對困難。至於風力發電，台灣有建立離岸風力發電供應鏈的雄心，但缺乏製造的專業知識和再生能源領域的企業家，這是導致進度延誤的原因之一。因此，正如 Eugene 所說，需要培養人才，這是基樁所在。

　　我一直讚嘆 Eugene 從公職轉換為「NGO 企業家」的身分，他成立 TAISE、中鼎教育基金會，也是永續發展目標聯盟、企業永續發展中心和台灣淨零排放協會的關鍵人物。

需要有遠見的人

　　廣義上，永續發展策略（包括生物多樣性）的推動實施需要時間，而台灣這方面在 Eugene 領軍下受益匪淺，簡單說，新領域需要具有超前時代視野的人來開路。早在 1985 年，

Eugene 和我就開始討論該往哪個方向發展。現在不是反思過去的時候,「藍色經濟(Blue Economy)」持續擁抱著許多機遇與機會,或許有天可能成為台灣面對永續議題解決方案的一部分,再加上有像 Eugene 和 Stan 這樣具備創業家精神的明智領導者。當新一代企業家願意投入再生能源領域,那麼可能就會出現一個嶄新產業;若沒有年輕人的熱情和對成功的渴望,自然就難以滾動出巨大的影響力。

　　Eugene 從很年輕時就展現這方面的能耐,現在也將這股力量轉向年輕世代,這就是永續領導力。

第五章

出版的力量

with
殷允芃／《天下雜誌》創辦人
張杏如／信誼基金會董事長

新來者的觀察

　　從青少年時期開始，我就非常喜歡寫故事。我第一份工作是記者，報導了關於我在內布拉斯加州的劍橋——位於美國中西部的一個偏僻小鎮——的生活經歷。當時我剛滿十九歲，所知道的美國，是一個以阿拉帕霍（Arapahoe）和蘇族（Sioux）等美洲原住民部落爲主的地區，這裡只能看到一望無際的玉米田和噴灑農藥產生的霧海，這些雲霧般的化學毒素會連續好幾天懸浮著不散，這讓我對人們的膚淺態度以及對金錢的崇拜感到震驚。

　　雖然我有很多批判性的觀察，卻不希望聽起來是一味負面的，所以我藉由諷刺和軼事來描述一種「新來者的觀察」，正如同後來在當地報紙的每週專欄名稱。我與當地報紙的出版商見面，討論了我的見解，很快《The Cambridge Clarion》同意發表我所記錄的印象。最棒的是，就像美國文化所盛行的那樣，作爲一名作者，我每篇文章的報酬是十美元。前面的這十二則故事的薪水，是我當時收過最大的一筆酬勞。我喜歡透過寫作來賺錢。多年來，我不斷提升自己的技巧，不知不覺中開始了作家生涯，將我所思所行記錄下來。

用註腳說故事

　　身爲一名作家，我並不侷限在報章雜誌。我撰寫許多報告，而這些報告必須以大家都能看懂的形式呈現，所以我喜歡

運用排版設計和插圖。然後，我花時間寫我在 1978 年至 1980年間，作爲 AIESEC 的主席定期發表的演講稿。當時，我被選爲全國主席，首先需要協調比利時的十五個學生委員會，再協調十八個來自拉丁美洲國家——從墨西哥到智利的學生委員會。我的母語是比利時文和法文，但我必須用英文和西班牙文寫報告。當然，我必須寫論文才能獲得文憑，而一百五十頁對假設的辯護是我寫作風格的重大轉變：從講故事變成以註腳爲依據的學術文章。

學無止境

　　後來，我需要撰寫關於比利時如何打入日本市場的策略報告。當人們面對一疊兩百頁的文案時，我意識到我需要學習寫「計畫概要」的藝術。這段成長期受到一個有趣的問題所困擾：手寫的寫作速度太慢。我很樂於見證電動打字機的到來，並學會敲打 IBM 鍵盤。後來電腦系統的問世，解放了我的手指並加快了寫作。

　　在母親的堅持下，我學會了用十根手指打字，並且在家裡的打字機上練習，我聽從她的建議並學會如何快速打字。我開始一心追求進步，甚至在音樂聲中快速敲擊打字機，每分鐘可以打出六十到七十個單字，但我的思緒仍然比我的手指轉得更快。狀況好的話，我會充滿創造力，思維清晰，一天就能寫出三十頁的新文案。這就是我成功寫出許多書的秘訣。在 1979

年，我第一次見到寫書的作者，他們是羅馬俱樂部《學無止境》
（No Limits to Learning）這本權威報告的撰寫人。關於這
本鼓舞人心的出版物的演講，以及與他們在奧地利薩爾茲堡一
起度過的三天，教了我在任何課堂上都學不到的課程。

1984 年，我的導師兼羅馬俱樂部創辦人奧雷利奧·佩切
伊（Aurelio Peccei）去世後，我決定寫的第一本書就是他的
傳記。我全心全意投入這個承諾，卻花了三年的時間才完成這
本書，寫作並不是件容易的事。1987 年 9 月，牛津佩加蒙出
版社（Pergamon Press）出版我的第一本的精裝書《奧雷利
奧·佩切伊——羅馬俱樂部創辦人的肖像》（Aurelio Peccei
- Portrait of the founder of the Club of Rome），以表達
我意識到他對我思想的深遠影響。這本書在日內瓦的 IMI 發
表，現場有十幾名羅馬俱樂部成員，包括 Juan Rada。

末日思維

1984 年至 1987 年間，對身為企業家的我來說是個動盪
的時期——我每年都在創建新公司和專案。同一時期，我深深
地被世界經濟中高度成長的領域給吸引著。當時是石油危機時
期，經濟蕭條，因此，我深入分析這場危機，並聆聽世界各地
的意見，包括非洲、拉丁美洲和亞洲。任何危機的實際情況
都是問題與機遇並存。因此，當我審視末日思維的地平線時，
我想找出新經濟的引擎。這不僅是為了發現下一個要創建的事

業，而是我渴望透過寫一本書分享我的見解，來激勵其他渴望成為企業家的年輕人。

　　我將自己的想法具體化為一本書，書名為《服務：歐洲經濟的驅動力》（Service: The Driving Force of the European Economy）。同年（1987 年）由佩加蒙出版社出版。序言的作者正是歐盟主席加斯頓‧托恩（Gaston Thorn）。我概述了經濟成長率達到兩位數速度的二十五個領域。當每個人都在抱怨高油價和經濟困難，包括失業率上升時，我指出了此時正是企業和企業家建設新經濟的時機點。這本書大賣，而且被翻譯成十幾種語言。

市場的封閉性

　　這似乎是我一生中最具創造力的時期之一，因為同年我還出版了第三本書。1982 年，在大阪舉行的十大傑出青年選拔，我有幸認識了理查德‧賴特（Richard Wright）教授。他是加拿大蒙特婁著名的麥吉爾大學（McGill University）國際管理領域非常傑出的學者，理查德和我都熱愛日本，並且有著好奇的天性，對那些態度保守並抱怨日本市場封閉的西方政客進行批評。我已經親身證明，這不僅是日本制度和法規的問題，顯然也因為缺乏對日本市場需求的了解，以及對於在市場上取得成功所需條件的了解，而導致進入市場變得困難。

理查德在日本有豐富的教學經驗，我們很快就進行了非常深入的交流，探究日本與世界其他國家有多麼不同。很顯然地，人們對眞實的日本知之甚少。作爲國際商務和管理學教授，他對金融部分特別感興趣。當我們開始比較彼此的日本經驗時，很快發現我們對於西方金融會計專家對日本貨幣事務的誤解有著非常相似的看法。例如，只要金融分析師發現巨額的短期債務，他們就會認爲危機迫在眉睫。然而，短期債務總是會展期，並且應該根據與銀行的長期關係將其視爲長期債務。而且無論在哪裡，只要風險評估時發現董事會上有銀行代表列席，他們就會得出結論說，該公司財務狀況不穩定。而我們看到的是對穩定的長期關係的認可。這也是日系車輛大量湧入市場的時期，各大企業也推出了 Lexus、Acura 等頂級品牌。

一本關於金融的書

我們決定寫一本關於《第二波浪潮：日本對金融服務的全球突擊》（The Second Waves: Japan's Global Assault on Financial Services）的書。在西班牙巴塞隆納 ESADE 商學院的課程中，我們介紹了這本書的概念，不久之後，就在倫敦市中心舉行了記者會。這本書也由佩加蒙出版，引起了很多討論。它登上了多家報紙和雜誌的頭版，因爲當時很少有人知道世界上以資產計算，最大的銀行不再是美國銀行，而是日本銀行。不久後，我就被日本長期信用銀行聘用，負責鑑定一些他們可以融資的策略專案。我的第一個建議是提供資金給飛雅特

汽車公司和日本電裝公司（DENSO）之間的合資企業。日本電裝公司是日本領先的汽車空調生產商，也是豐田汽車的主要供應商。雙方同意在英國合資成立一家企業，以展示歐洲與日本之間的合作，並由日本長期信用銀行為整個計劃提供資金支持。我安排銀行董事長前往義大利杜林並與翁貝托・阿涅利先生（Mr. Umberto Agnelli）達成交易。

服務經濟

為不同讀者寫書並結合實際行動，讓我站上出版市場的浪頭。在我去台灣的時候，我與 Stan 分享了《服務》一書。他非常有興趣了解，一家不斷壓低價格以銷售數百萬台電腦的生產商，如何轉變成為一家服務公司。我們討論如何從製造經濟轉型為服務經濟。我提出了幾個案例，比如總部位於比利時布魯塞爾的銀行轉賬軟體公司 SWIFT；或者一家名為 Securitas 的公司提供的安全服務，該公司正在快速整合電子系統與視覺系統，以確保居家和辦公室能有更好的保全。

顯然高度智能和行動服務（Highly Intelligent and Mobile Services - HIMS）——正如我在野村綜合研究所（Nomura Research Institute）所要求的一份報告中對服務進行的分類——需要一個服務的基礎架構，而這正是 Stan、Acer、BenQ 和 Wistron 將會整合的業務，將電腦、通信和小型化融合。這就是產業的未來發展方向，與 PC 業務相去甚

遠。當這本書成爲市場上的一種趨勢,緊隨在後的是我的第二本關於服務的書《雙位數成長》(Double Digital Growth)。而我也成爲 IBM 的顧問,負責他們成長爲資訊服務巨頭的策略。我們爲台灣的前進方向進行了一場精彩的討論,並留給 Stan 一些策略想法,涉及如何逐年將宏碁轉變爲一家整合高端軟體和系統,提供有價值的服務與解決方案的公司。

《甘特寓言》

當我成爲一名關於經濟、商業、策略和管理(尤其是服務)的多產作家後,我在寫作風格做了重大轉變,並從 1990 年開始爲兒童創作寓言故事。1990 年,當我的第一個兒子卡爾—奧拉夫(Carl-Olaf)出生時,我非常希望一整年每晚都能跟他分享一則寓言故事。然而,我不喜歡那些典型的歐洲父母告訴他們小孩的,有關狼和豬、有毒的蘋果以及在森林中迷路的恐怖故事。我想要講一些正向、有創意及受大自然啟發且充滿驚奇的故事,讓我的孩子們成爲地球的守護者。這些故事可以激勵我的孩子們,成爲引領地球走向進化道路的創新者。故事是否能激勵他們去探索周圍環境,挖掘每個物種所蘊藏的知識,探究背後的科學原理呢?我最先的三十六則寓言故事在哥倫比亞以西班牙語出版,在巴西以葡萄牙語出版。Stan 聽了寓言故事,他認爲《甘特寓言》系列應該要在台灣出版。

於是 Stan 把我介紹給信誼基金會的張杏如女士。張女

士的公公，永豐餘集團創始人何傳與其子何壽山。何壽川於1971 年創立了這個非營利機構，當時基金會提供獎學金，給台灣年輕聰明因貧困缺乏升學機會的學生。到了 1977 年，台灣經濟蓬勃發展，她覺得當地政府和企業界都沒有致力於讓兒童擁有健康快樂的童年，這一切都與經濟和成長有密切關係。因此，張女士決定投身教育工作。

　　她深信每個孩子都只有一個童年，她認為應該要提供讓他們快樂成長的教育，並為孩子的發展做出貢獻——只希望他們成為最好的自己。張女士在 Stan 的建議下，決定承接出版繁體中文《甘特寓言》系列兒童讀物。

　　這是繼與 IBALPE Group 在墨西哥的初次行動後，我的第一系列共三十六則寓言故事一氣呵成地出版了。為了使寓言的教育和教學法發揮作用，孩子們需要有一系列的書籍，我耐心地論證試著說服大家，但大多沒有成功。儘管每個故事看起來都是獨立的，但都是我在故事背後所設計的複雜且正在發展中的生命網絡的一部分。單獨一個故事無法像一系列書籍那樣，給孩子們帶來思維的轉變。大多數出版商沒有意願致力於系列叢書的編輯與出版，而信誼基金會和遠哲科學教育基金會出版和發行了二十萬本寓言故事裝盒，每盒有七本。墨西哥版提供了三十五萬本精裝書，每本包含五則寓言故事，中國大陸版本則是單冊。

思維轉變

　　這些書籍在拉丁美洲學校的成功，是建立在我們與教師和校長組織的培訓研討會的基礎上。2011 年 1 月 14 日至 16 日，Stan、遠哲科學教育基金會董事長曾憲政和信誼基金會規劃了為期三天的培訓課程，從全國各地、涵蓋各區域精心挑選的一百五十位參與者參加。這讓我有機會非常深入和詳細的解釋如何與兒童一起進行新的教學法。這三天讓我具體演示如何確保改變老師和學生們的思維。如果我能成功地改變老師們的思維，那麼我們就能成功地為孩子們提供新的視野。

　　這是一個非常成功的培訓課程，感謝新竹教育大學退休校長曾憲政的辛勤付出，不僅翻譯和出版工作順利圓滿，而且培訓能如此成功。他率先辦理額外二十七場的研討會，共有約一千五百名教師參加，確保培訓一支精通我的教學法的優秀教育工作者。此外，他還籌劃了每週一次的廣播節目，我也受邀參加介紹寓言故事。數百名受過培訓的教師、每週的廣播節目及數十萬本寓言故事的銷售量，讓我們受邀參加 2012 年 2 月的台北國際書展並舉辦了一系列活動。

「逆轉」萬有引力定律

　　老師們喜歡逆轉的邏輯：我們不需要回答「蘋果是如何從樹上掉下來的？」，那是牛頓早在幾個世紀前就已經解決的問題。我們希望孩子們思考的問題是「蘋果在受到萬有引力的吸

引而掉落之前，是如何跑到樹上的？」我必須確保老師們可以
應付孩子提出的，他們不知道答案的問題。這樣可以讓孩子和
老師都能學到新東西。而令人驚訝的是，很少有人知道有七種
物理力量可以讓蘋果在受到萬有引力的約束之前先行對抗它。
同樣的邏輯也適用於水填滿椰子的能力。樹旁邊沒有泵浦來幫
數百個椰子打滿水。那麼，老師們反思一下，水是如何進入椰
子的呢？

　　與老師們在一起的時間，讓我可以展示如何操作不論孩子
或大人都能動手做的微型實驗：用香蕉皮和蛋殼進行發電。雖
然老師們一開始有些猶豫，但我們打破冷場，並解說其實這項
實驗的靈感來自於鯨魚，鯨魚每次心跳，無需任何電池即可泵
送出一千公升的血液。這些巨大的生物藉由將攝食所得的鉀、
鈉和鈣結合，並產生輸送血液到心臟所需的能量。培訓課程讓
我得以向數十所學校介紹《甘特寓言》，然而，每場這樣的課程
總會有驚喜，培訓中有一個學生唐麗芳，她善於表達且轉述故
事的能力特別出色。她是雲林縣雲林故事館的創辦人，我們將
在下一章詳細討論。從那時起，我們就開始了合作並有成果非
常豐碩的合作關係。

藝術的詮釋
　　張女士非常有企業家的精神，積極且熱衷於在華語圈推
廣寓言故事。她渴望能夠盡可能接觸到所有的孩子，她也是這

種方法論的堅定支持者和倡導者，讓我們有機會開發兒童的五種智能。這種教學法主張，孩子首先必須了解科學，甚至是他們的老師也不知道的科學。然而，第二種也是同樣重要，但很遺憾是經常被忽略的——情緒智能。孩子們都必須與具有不同背景和反應的人一起生活和工作。了解有的人因高興而流淚，也有的人可能因悲傷而流淚。世界充滿了人性的多樣性，我們必須學會如何共同生活。

第三種智能與藝術有關。千萬不要期望一個五歲、六歲或七歲的孩子，能夠詳細解釋讓蘋果爬到樹上的物理定律。孩子也可能無法迅速解釋，為什麼斑馬的黑白條紋能讓蚊子不會停在牠的背上。但對於孩子來說，這是一個可以藉由藝術表達自己感受的機會。每則寓言都伴隨著這樣的指導與建議：關於如何讓孩子透過藝術表達自己，並將寓言故事內化成為自己的一部分。

把事情做好的智慧

第四種智能是邏輯能力：如何將現實生活環境中的現象串聯起來。我們能否將一邊的低氣壓和另一邊的高氣壓連結起來，並知道隨後因為壓力差將導致風的產生呢？正是持續不斷的風導致蚊子無法著陸。接下來邏輯必須擴展，並認識到低氣壓是因為黑色吸熱所引起的，黑色吸熱導致熱空氣上升，而白色反射太陽和熱量，就會有相反的效果，這就是黑白相間在斑

馬皮膚上產生了持續的空氣流動的原理。最後，也許是最重要的智能，就是我所說的創業智能，或者把事情做好的智能。如果你懂科學，可以和具有不同情感表達的團隊一起工作，能夠將你所明瞭卻無法詳細表達的事物，用藝術的方式與人分享，並且還能建立邏輯關係，接下來就是你要將這些能力付諸行動了。

台灣是帶給孩子們寓言故事的先驅

這五種智能，正是我想帶給那些因政府的方針，不得不簡化教學，而在教導特定年齡的孩子某些內容時陷入困境的老師們。最終，台灣成為全世界最早將寓言故事帶給孩子的先驅之一。可惜，因一些我並不熟稔的情況，沒能讓第二個系列的三十六則寓言故事問世。

儘管如此，張女士還是把我的寓言故事帶到了中國，並將成功出版的書盒贈送給中國環境教育與傳播中心（CEEC）。巧合的是，中國政府通過駐巴西庫里奇巴市的總領事認識了我的寓言故事。庫里奇巴作為世界公認最環保的城市，市長決定要讓他城市的所有孩子都聽到我的寓言故事，除了用葡萄牙語出版外，我們也為當地的教師制定了培訓計劃。

365 則寓言

我很感謝張女士把我的寓言故事中文繁體版的譯本帶到

了北京，當中國環境教育與傳播中心意識到，這一系列故事確實是啟發兒童的好工具時，中國政府決定採用所有寓言故事，並將其翻譯成簡體中文。中國政府並向我提出一個挑戰，要求我寫 365 則寓言，我接受了這個挑戰。從 1990 年 6 月 21 日為我剛出生的兒子寫下《最強壯的樹》算起，我一共花了三十三年的時間來寫作。

　　直到 2023 年 4 月，我才成功完成了這一生的志業。365則寓言故事共包含 14,000 頁的插圖，涉及 10,000 個科學主題，還呈現了 750 個不同的人物角色，他們的情感截然不同卻描述得很好，並有 360 種不同的藝術表達方式來提供支持。這些表達將寓言中的每一個故事與畫面呈現的一切連結起來，是令人驚豔的神經細胞「馬殺雞」。這也反應在銷售數量以及孩子所採取的數百甚至數千項行動，說明他們的確聽進了故事並感受到將之付諸行動的鼓舞和感動。

藍色經濟

　　不過，除了出版兒童讀物外（其實很少人知道我曾出版），我主要的工作是出版關於新創和經濟方面的書籍。我一直在關注世界各地的新創，也一直在投資一些計畫，其中的一部分已經轉化為新事業。2008 年，我決定寫一本後來成為我主要參考書的《藍色經濟》。三十年來綠色經濟一直是我的動力，然而，當我看到殘酷的現實時，我必須承認，任何對你或對環

境有益的東西都是昂貴的。我不禁要問怎麼會這樣呢？我們怎能奢望富人付更多的錢，而窮人得為了生存吃喝劣質的食物和水呢？這樣的經濟需要進行轉型。

從廢物中創造高價值

　　我將其稱為「藍色經濟」，即在這個經濟中，沒有人透過規模經濟競爭，也沒有人透過生產最低價產品來取得成功。我會關注在我們可以利用當地可用的資源來創造價值的經濟，將廢棄物再利用。廢棄物不應該被廢棄，反而應該被視為可以創造高價值的重要來源。我們證明這個邏輯的第一個案例是咖啡，當你喝一杯咖啡時，很少有人意識到農民收成的咖啡豆有 99.8% 從不會被利用，並被認為是廢棄物。

　　我們利用來自農場的廢棄物和沖泡咖啡後的殘渣，開創與聯合國蘑菇農場的合作。咖啡的案例，豐富了數百個其他的案例，其中許多已得到實施。因此，我決定總結一百多個我喜歡的創新案例——其中大都是受到大自然的啟發——我確信這些創新將會改變經濟的模式。《藍色經濟》變成我向羅馬俱樂部提交的報告。我提出在十年內的一百項創新，可以創造一億個工作機會，到 2023 年，該書已被翻譯成近六十種語言，而最早的翻譯之一是由台灣天下雜誌出版部所出版的繁體中文版本。

　　《天下雜誌》於 1981 年由殷允芃（Diane Ying）創立，是

台灣第一本專業的財經新聞雜誌，以「積極、前瞻、放眼天下」的態度，為讀者提供從國際到台灣的重要政經局勢、社會脈動、管理思維與獨立觀點，在政經之外，也關注台灣的人文、社會、環境與永續的發展。

作為一家獨立經營的媒體，《天下雜誌》堅持獨立、專業的新聞價值，以言論公正客觀，報導深入淺出的品質，贏得超過兩百座國際及國內獎項肯定。

1999 年天下雜誌出版部成立，相信「閱讀，讓改變看得見」，引介國際經濟與社會的新趨勢、新思潮與管理新知；傳遞台灣企業的故事與經營管理的智慧，以及有深度的紀錄台灣社會的重要人物、經驗與價值。希望透過閱讀，持續提升台灣讀者視野的廣度與思考的深度。

傳播的力量

Diane 擁有讓書籍暢銷的訣竅，Stan 介紹給我，幾個月後（2010 年 6 月）《The Blue Economy》──《藍色經濟》就被翻譯並在台灣出版，完整書名為《藍色革命：愛地球的 100 個商業創新》。《藍色革命》在台灣出版伴隨著一系列活動，從研討會到座談、工作坊，以及拜訪熱衷於實施我的提議的行業。因此，我參加了由天下雜誌組織的最大型活動之一，當時有兩千名觀眾。光是在台灣市場，我們就賣出了一萬多冊，對

於一本「枯燥的商業與經濟」的書籍來說已經是不錯的了。

　　天下雜誌出版部有足夠的信心，在 2012 年 2 月出版了續集《藍色經濟──我的零浪費小革命》。這本書重點關注你的個人生活、你的早餐以及你可以為孩子的未來做些什麼準備。《藍色革命》是一本宏觀的書，而《藍色經濟──我的零浪費小革命》書則重於微觀。這些書結合在一起，提供大眾一個很好的介紹，說明了我們所需要的轉型方向。看到我的寓言和書籍在台灣的成功，我就意識到傳播的力量，這為台灣許多新的倡議創造了發聲的平台。

第六章

教育的力量

with

唐麗芳

雲林故事館創辦人

雲林故事館

　　雲林縣是台灣較貧困的地區之一，與擁有高科技動力的城市——如高雄、新竹，當然還有台北等相比，這個沿海地區缺乏開發。但雲林縣農業發達，並擁有一些引人注目的歷史建築。在日本生活的幾十年間，習慣了有榻榻米、紙窗和日式木製澡盆，這讓我更喜歡日本單純的生活方式。於是，在 2012 年回訪時，我有幸前往參訪了雲林故事館。

　　這座風格優雅的木造建築是日治時期虎尾郡守的官邸，建於 1920 年至 1923 年間，採用了日本傳統建築的風格設計而成。這座歷史建築需要維護，也曾經一度面臨被拆除的危機，於是當地居民發起保存並決定將這座美麗的老建築活化作為一個故事館。地方文史工作者、學者和在地社區民眾集體說服雲林縣政府，將這座建築保留給大多數的民眾使用，而不是單一作為博物館用途。

拯救文化遺產

　　創辦這個故事館的人是唐麗芳。她是我 2011 年信誼基金會教師培訓班的學生之一。在三天的培訓課程中，我欣賞她講故事的天賦，發現了一位真正的文化企業家。麗芳每年都會舉辦培訓課程，邀請雲林縣的居民創作屬於他們自己的繪本故事。她創辦了雲林故事人協會，帶頭推動偏鄉社區閱讀運動，甚至規劃騎腳踏車說故事來走讀地理。自 2008 年以來，出版

社區繪本一百五十餘本。她是許多透過實踐來領導的女士之一，她積極倡議並實地展現社區營造行動，在文化和講故事的領域中很少有人能做到這一點。她藉由口述、圖畫和戲劇，將說故事和文學帶入生活，並且保存、創造和轉化了文化遺產。

求知若渴

就在雲林故事館，首次進行以繁體中文向民眾進行了《甘特寓言》的大型推廣活動。2012 年 2 月，我來雲林故事館的時候，整個空間都坐滿了人，還有幾十個人透過傳統的障子門（格子窗）往內看，就為了一睹作者所講的寓言故事。我很高興地發現，在這裡講故事不僅僅是孩子們的事，社區裡每個人無論什麼年齡或職業都對聽故事很感興趣。我有一群非常熱情的觀眾，渴望著了解大自然帶來的驚喜，這是一群求知若渴的人們！

2013 年，《藍色革命》再版時麗芳就聯繫了雲林縣縣長和天下雜誌，安排了我在國立雲林科技大學為六百名出席的嘉賓演講。這是個讓我闡明綠色經濟和藍色經濟之間差別的特殊機會，綠色經濟因對你和環境有益而讓一切變得昂貴；而藍色經濟則是可以用既有的資源，來滿足當地每一個人的基本需求，而且無需支付額外費用。

故事館的脈動

　　故事館是一個被創造出來的地方，邀請每一位參與者蒐集過往的回憶，發現幸福，並創造新的回憶；聆聽像我一樣來自海外的聲音，傾聽自己內心的聲音，以及聆聽那些觸動人心的故事。故事館裡的寓言故事溫暖著人們的心靈。雲林故事館邀請大家寫一首詩、分享幾句智慧的話，或者畫一張圖來豐富聽到的故事，做一些簡單而善良的事情，去美化我們的世界，或索性來演一場戲劇，這樣的理念很令我著迷。

　　在雲林的短暫時光讓我學到：一個人不一定要住在最富有的社區，但一定要是一個能聚集人們，共同創造出一張希望地圖的地方。老實說，在「不起眼的地方」發現到這顆小寶石，給我留下了深刻的印象。無論台灣有多少研究人員、註冊了多少專利，以及取得了多少的經濟成長，這些成就都不是我最在乎的，就在這個被公認為科技強國的邊緣地帶，讓我發現了一座蒐集文字、為聲音帶來色彩、為記憶注入新鮮空氣，以及最重要的，對未來有著積極願景的房子。

受自然啟發

　　寓言培訓課程結束後，在 2011 年我隨即邀請麗芳帶著她的天賦到不丹，參加國母陛下舉行的幸福與競爭力年會。然後我邀請她和她的竹藝朋友們參加了 2012 年在比利時舉行的第九屆世界竹論壇，隨後又邀請她出席了 2013 年在馬德里舉行

的世界藍色經濟研討會。她很擅長講故事，她加入了在墨西哥的寓言故事推廣活動。一年後，她也和我們一起參加在越南舉辦的世界竹子高峰會。我把世界上與講故事相關的關鍵人物介紹給她，而我在她的家鄉見識到「生活品質」最好的大使之一。

後來，她繼續與我們一起進行發現之旅，並於 2017 年前往哥倫比亞的加維奧塔斯（Gaviotas），在那裡她見證了我們於 1984 年在保羅‧盧加里（Paolo Lugari）的領導下，發起拉丁美洲最大的熱帶雨林再生運動。然後，我邀請她參加 2019 年哥倫比亞馬尼薩萊斯（Manizales）ZERI Bamboo Pavilion 竹閣樓落成二十週年的慶祝活動。這給了她很大的啟發，讓她與台灣竹文化的自然和藝術重新連結起來。她也成為我們最好的宣導大使之一，無論走到哪裡，都會分享著她所經歷過的故事。她是一位經驗豐富的專業護理師，並接受過預防醫學訓練。顯然，她致力於為過於重視物質而失去與家鄉文化連結的社區環境健康做出貢獻，並且利用說故事的藝術讓社區重新產生連結。

故事無國界

麗芳是一位吟遊詩人，她以騎士精神來詮釋、轉譯和創作故事。她的故事很幽默，而且涵蓋整個文化。她已準備好展現自己國家最好的一面。我印象最深的是，她騎著一輛特別配備了紙芝居（日本昭和時代一種用紙圖片講述故事的木箱）

故事箱的腳踏車去說故事。她還把腳踏車改造成一個帶有插圖
的小舞台。雲林故事館最棒的故事體驗被載上腳踏車，分享到
鄰近的村莊去。麗芳充滿雄心壯志，她不僅僅在台灣上山下海
騎行，還在澳洲騎了數百公里，並前往馬來西亞、加拿大和美
國等許多國家，為願意聆聽的人們帶來故事。也許我們忘了，
社區的財富取決於聆聽故事的能力，這些故事會帶來智慧和靈
感，正向訊息的故事可以減輕恐懼，或許也會製造恐慌，但最
終故事確保了社群的存在。

聰明的蘑菇

　　麗芳讓我學到，當一個人能夠細細地分享故事時，許多
新的點子就會隨之而來。我最喜歡的寓言之一是〈聰明的蘑菇〉。
它講述了蘑菇如何利用咖啡和茶的殘渣而生長得如此茂盛。咖
啡因似乎可以促進蘑菇的生長，並長成人們所能想像到最美味
的食物。這個故事基於香港中文大學張樹庭教授所領導的一項
科學研究的成果。1998 年他曾帶我去清遠，那是廣東省一個
中國蘑菇種植的中心，在一塊相當於舊金山大小的土地上，有
超過二十五萬名的蘑菇種植者，用現成的木材種植出健康的食
品。

激發行動的靈感

　　我的寓言故事激勵了成千上萬的年輕人，其中包括年輕
企業家李宜眞，她在台灣的烏來原住民部落地區開展了蘑菇

種植計畫。她曾向我抱怨，指科學家們都說她很天眞。我決定於 2015 年 3 月 11 日訪問台灣時，與她見面並鼓勵她繼續創建她的公司 MITA 米大菇食。她非常激動並於同年 3 月 26 日（正好所需辦理簽證的時間）一路來到塞爾維亞的貝爾格勒，向我所說的「蘑菇皇后」伊旺卡‧米倫科維奇（Ivanka Milenkovic）學習如何在台灣種植蘑菇。蘑菇女王伊旺卡每天生產一噸蘑菇，並領導著一所名爲 Ekofungi 的學校。我促請李宜眞去巴爾幹半島與這位女士會合。她滿懷熱情地回來並提出一個具體的計畫要繼續發展。多虧了台灣星巴克總經理徐光宇的介紹，她才能夠像 SINGTEX 公司那樣對咖啡渣滓賦予價值，這家公司將在後面的章節中有更詳細地描述。

激發創業精神

　　我的夢想成眞，寫了寓言故事，翻譯成繁體中文，還在學校講授與在社區講故事，並用故事觸動人心激發了創業精神。多年來，在麗芳的協調下，我與李宜眞見過幾次面，我很高興她成爲五千多名年輕女士和先生中的一員，他們聽了故事後清楚地看到了他們的未來，創建了自己的食品生產事業。當然，最值得一提的故事是關於我女兒綺朵（Chido），她一手培訓了位於非洲、亞洲和澳洲的一千多個蘑菇生產中心。很明顯，這個蘑菇計劃正如雨後春筍般湧現，而我享受著其中的每一刻。

第七章

自然的力量：竹藝之美

with

劉文煌

竹藝家

驚人的發現

2013 年，唐麗芳邀請我一同參與在南投台灣工藝研究發展中心舉行的臺灣竹會創會會員大會，也帶我參觀了台灣竹工藝創作展。我每日的行程實在太過繁忙，要額外騰出一天的時間幾乎是不可能的任務，但當時我內心有一個聲音，告訴我要隨遇而安，我隨著直覺就接受了。我信任麗芳，我們就這樣出發了。那是一個相對小型的博物館，位在一棟不太顯眼的建築中，但從我走進去的那一刻起，就被所見的藝術品震撼——這絕對是世界上絕無僅有的。我發現了以前從未見過的竹藝創作，是真正源自於藝術和自然的造物。不僅僅是竹子，而是竹子與絲、竹子與細木、編織竹與羊毛、竹子與所有其他天然產品，由藝術家們把它們結合起來，以表達對這種「植物鋼」的熱愛和仰慕。

偉大的草

我在日本認識了竹子之美，回想 1980 年，當我第一次訪問京都和奈良，就見識了當地最壯觀且擁有五百年歷史的寺廟和神社，而這些古建築中所使用的竹子依舊如新。這些竹子不僅美觀，而且表現出卓越的抗壓強度。我的好奇心被激發了，因為我發現竹子是一種草，卻可以轉化成這種具有悠久傳統且美麗而堅固的建築材料，這讓我決定研究日本人如何掌握與保存這種「巨型草」的技藝。我學習到，早期的竹子需要經過四十年甚至五十年的慢熱和低壓處理，以保持其功能性強度和

美觀。我親眼目睹這些最美麗的作品，了解人們是如何用植物油來定期維護，這引發了我的好奇心。

竹皇后

　　直到十幾年後，琳達・嘉蘭（Linda Garland）才認真地向我介紹了這種植物鋼。當她向我提及那強而有力的草時，我簡直太驚訝了！琳達・嘉蘭被許多人視為竹皇后。她不僅認識數百種竹子，還在她的花園裡種了數十種竹子，並將這種天然材料變成了最舒適、最美麗的建築。她在峇里島烏布高地的稻田中央設計了一個神奇的村莊，讓大家可以在竹林中呼吸和沐浴。這是她的家，也是竹子環境基金會的總部。同時也是她接待像米克・傑格（Mick Jagger）和大衛・鮑伊等世界明星的招待所。她說，沉浸在被竹子圍繞的生活環境，能帶給她的客人內心的平靜和美麗。

　　1995 年 3 月 3 日，琳達・嘉蘭與我約好了下午五點見面，她是弗里喬夫・卡普拉（Fritjof Capra）介紹給我認識的，我自然也很高興能在聯合國大學見到她。她卻遲到了兩個小時，我都已經打算放棄跟她會面了。事實上，那天剛好是我三十九歲生日。我當天沒有規劃任何事情，正準備出發乘坐從澀谷到鎌倉約一小時四十分鐘車程的火車回家時，我接到了來自接待處警衛的電話：有個女士堅持一定要見到您。我脫掉外套，在電梯裡遇見了氣喘吁吁的琳達。當她走進我的辦公室

時，她為遲到頻頻道歉並深表歉意。我無意造成她的壓力，很
自然地我決定今晚要放鬆自己，也忘了原本要在家裡榻榻米上
享用寧靜的禪宗式晚餐。琳達身上至少覆蓋了七層紡織品，脖
子上還掛著珠寶，手腕上則是用竹子和銀製成的裝飾。

竹子文藝復興

　　過沒一會兒，我就被這位女士深深吸引，她以甜美的愛爾
蘭口音細說著竹子的神奇。她開始告訴我更多有關植物鋼的細
節，向我展示了她在印尼峇里島、斐濟、加勒比海馬斯蒂克島
的創作，《建築文摘》（Architechural Digest）也專門為她的
創作撰寫封面故事。我聽到忘了我的生日與搭乘火車的一切。
當辦公室要關閉時，我邀請琳達共進晚餐。整個晚上我都沉浸
在一切有關竹子的故事中。她是講故事的高手，我發現自己被
她的熱情和故事的內容所吸引，也進一步受到竹子的啟發，就
彷彿我一生都熱愛竹子。等我意識到的時候，已經是午夜過後
了，所以已經沒有火車可以搭乘回家，因為我忘了時間，也忘
記了我的（自我要求的）責任。直到餐廳要打烊了，我們在六
本木找到了一家安靜的爵士酒吧，就這樣繼續聊到凌晨五點。
在聯合國大學工作期間，這是我第一次也是唯一一次搭乘早上
第一班的火車回家，然後洗了個澡，吃了頓簡單的日式早餐，
又回到了辦公室，這就是我的竹子文藝復興史。

　　那年七月，琳達邀請我參加在她位於峇里島的莊園舉行的

世界竹論壇（World Bamboo Congress）。我與家人一起出席，論壇匯集了熱愛竹子的專家、建築工程師和分類學家等齊聚一堂。這是一群很懂竹子的人們，聽了他們的演講後我意識到，除了琳達之外，很少有人認知到竹子對永續環境和生態的價值。打從 3 月 4 日早上琳達告別後，我對這種「草」感到莫名的興奮，我一直在尋找所有可能的資訊，以了解更多關於竹子的訊息。感謝 ZERI 的科學家網絡，讓我們得到了莫大的反饋。我學到世界上有超過十億人是住在竹屋裡，它是有史以來被使用最多的建築材料。然而竹子卻被認爲是窮人的象徵。

與地球的節奏共舞

是時候諮詢馬里奧‧卡爾德隆‧里維拉（Mario Calderon Rivera）了，他是羅馬俱樂部的成員，也是我在哥倫比亞的導師和嚮導。馬里奧是哥國最大的房地產銀行的總裁，他曾研究過把竹子作爲混凝土、鋼鐵和水泥的替代品，用於他一直在資助的社會住宅的案子。我從馬里奧那裡得知，當西班牙征服者到達哥倫比亞中部，即現在的咖啡產區時，他們發現了巨大的竹林。因爲有肥沃黑厚的土壤，將火山中的礦物質與竹子的生命力結合在一起，竹子可以在幾天內就長到一公尺高，在不到三年的時間內堅固到可以建造橋樑或房屋。但這些竹林幾乎都已被剷除，取而代之的是咖啡樹。

琳達曾跟我確認過，全世界共有兩千多種竹子，其中包括

巨大的南美莿竹（Guadua angustifolia），又名瓜多竹，西班牙人在十六世紀採用這種竹子代替木材使用。殖民者學會如何將他們的建築與本土文化的建築技能相結合，因為本土文化知道如何建造「與地球的節奏共舞」的房屋和寺廟。這種竹子高二十五公尺，直徑十至十二公分，竹壁厚度至少有一公分。我正處於陡峭的學習曲線上，每個人都知道我有新的發現，甚至有人認為我對竹子的迷戀近乎癲狂。

　　由於這本書討論竹子的部分不多，請容我與大家分享我在峇里島世界竹論壇遇到當時的竹子大師西蒙·貝萊斯（Simon Velez）。他認識馬里奧·卡爾德隆·里維拉，也非常欣賞這位獨特的銀行家。在峇里島，我們商討要取得德國許可來建造現代第一個大型的竹結構建築。對我們來說，這就是成功的關鍵。竹子的使用已有數千年歷史，而中國最古老的建築，至今三千年了仍屹立不倒。但現代建築法規對拉伸和壓縮強度、靈活性、消防安全等方面有非常嚴格的標準和規範。為了要證明竹子可以滿足世界上最嚴格的建築規範——德國的法規，我接受了這一挑戰。

不可能的任務

　　許多朋友聽到我所宣稱的目標，都認為我瘋了，而今我自己也證明我是太瘋狂了。怎麼會有人提出一個不可能實現的目標呢？我不得不承認，對我的批判提出了正確的論點，因為

德國人對竹子毫無概念，沒有任何一個大學的工程學院研究過
竹子的建築技術。然而，作爲《京都議定書》智庫的負責人，我
發現竹建築是特別的案例，我們能展現如何擺脫混凝土、水泥
以及碳排放量極高的建築，並透過提供竹子建造的房子，來緩
解數百萬人口脫離貧困的迫切需求，實際上竹子這種植物鋼還
能達到碳封存的目的。

世博會亮點

　　感謝科學和研究人員團隊，讓我能夠說服五所的德國大
學開展一項全面的研究計劃，目標只有一個：達到所有要求，
讓德國當局頒發建築許可證。我有得到諾曼・福斯特爵士（Sir
Norman Foster）的支持，因爲他也喜歡竹子，並將我介紹
給來自布來梅技術大學（Technical University of Bremen）
的克勞斯・史蒂芬斯（Prof. Dr. Ing. Klaus Steffens）教授。
他抵達哥倫比亞也看到了我在建造的建築，並承諾支持我們
跨越德國科學和政治的迷宮。2000 年 5 月 31 日，我拿到了
2000 年世博會 ZERI 竹展示館的許可證。偌大的竹結構是我
們展示零排放的最佳案例。在六個月的時間裡接待了六百四十
萬名遊客，竹展示館是整個世博會最受歡迎的建築物。

改變世界

　　世博會的開幕迫在眉睫，我們必須在非常緊迫的期限內
完成。這得費盡九牛二虎之力，使我筋疲力竭。研究成本爆炸

性的激增，我面臨著大筆預算超支，也無法提交給政府和聯合
國，爲此我花光了我所有的積蓄。用於營建許可的費用，是投
資於建築本身和展館營運成本的三倍。雖然如此，我們必須爲
了承擔責任的承諾而堅持。最後我成功了，有時候花了多少錢
並不重要，重要的是知道我們能爲世界帶來什麼改變。琳達在
世博會結束時表示，竹子的歷史將分爲兩個時期：2000 年世
博會之前和世博會之後。她說這句話時，給我帶來了至高的榮
譽，也給我在財務上的挫敗莫大的安慰。

　　所以卽使我對竹子有著狂野而深刻的體驗，出現在台灣
這個鄉村所呈現的竹藝展覽，還是讓我感到驚艷。如果說有誰
能夠看得出這次展覽的深度，那一定是我了。我再次思考我能
做些什麼，因爲這個發現不能只是流於讚嘆。我首先想到的是
挑戰當地藝術家，爲我創造一件非常新穎的竹製品。當時是
2013 年，我已經是五個孩子的父親。由於我們剛剛獲知，我
的妻子卽將生下一個孩子的消息，我便問是否可以用竹子爲我
的孩子編一個嬰兒床。這些美麗的竹製工藝品的設計師和創作
者接受了挑戰，確保使用台灣的竹編技術編織。

　　專家們質疑我是否會認眞使用這個嬰兒床，還是僅將其作
爲裝飾品。我堅持要讓我的寶寶聞著竹子的天然香氣入睡。但
是，有人認爲，這將是一個很難讓新生嬰兒睡覺的地方。竹藝
大師陳高明則建議，最好是用數千隻蠶吐絲製作而成的絲綢覆

蓋，這樣美麗的竹結構就可以完全被生絲所包裹。而且，絲綢是天然的，沒有真菌或細菌的生存空間，是一種天然的保護，可以增進我剛出生的兒子的健康。我們決定就這麼做，我從台灣帶著一個裝著白色絲質嬰兒床的大箱子回到南非，我們曾在那裡有過一個家。當我把才一週大的寶寶放進這個竹編絲質的嬰兒床裡，我覺得他也是這藝術品的一部分。

不斷增長的靈感和信心

這種嬰兒床的體驗非常棒，不只是竹藝融合的創意。我在台灣遇到了很多竹子界的人士，這些人是我在世界任何地方從未見過或聽說過的，卻很明顯，他們每個人都在各自的領域有著卓越的成就。這種文化沒有理由被忽視。麗芳深受啟發，藉著她凝結人們的能力，她成為臺灣竹會的創辦人，這群優秀的竹子大師和愛好者，才能被人們認識和看見。麗芳和我一起參加了幾次世界竹子大會，第一次是 2012 年在比利時舉行的，當時比利時企業家簡・奧普林斯（Jan Oprins）成功地大規模生產用於森林再生的竹子。然後，我向她介紹了竹子界一些最優秀的人物，包括約翰和伊蘿拉・哈迪（John and Elora Hardy），他們從不幸過世的琳達手中接手了竹子界的領導權。伊蘿拉做出了最壯觀的設計如峇里島的綠色學校，那是世界永續發展學校的典範。麗芳集結了一支優秀的團隊，與比利時、越南、韓國的竹業界會面，最終有信心地邀請全世界來到台灣看見其深藏已久的竹藝術。臺灣竹會於 2024 年辦理

第十二屆世界竹論壇。如今，全世界都將發現台灣竹子的本質和藝術之美。

發掘竹子大師

　　每次到台灣，在這個新興的竹會組織支持下，讓我有機會學習到更多並且發現竹子的許多面向，包括日本殖民時期種植的古老竹林。在多次的探索中，我發現到劉文煌大師的作品。當我第一次在台北店看到他的產品時，我立刻意識到他不僅僅是一位大師，更是一代宗師。我詳細觀察了他所有的創作，尤其是他將周圍森林中的竹子轉變為卓越材料的運用能力。

　　他在中國各地建立了廣泛的合作關係，並將自己作為工匠的專業知識轉化到具有工匠精神的工業生產技術中。在他的工作室、設計坊和工廠裡的時光，忍不住想像他需要克服的所有挑戰。他已經準備好應對所有的挑戰。他安裝了最先進的電腦數控（CNC）製造系統，用於生產工業化竹製品。哥倫比亞最優秀的竹製工程師馬塞洛・維勒加斯（Marcelo Villegas）曾支援過西蒙・貝萊斯的很多建築創作，被認為是該領域的領軍人物，但與劉大師相比，他還只是一個學徒。該機械是由第三章中描述的工研院所研發的，我在那裡發表了四十週年紀念演講，並接受了讓技術更接近自然的挑戰。台灣為我提供了藝術、自然與科技的靈感！

藝術所創造的價

　　劉大師深知，要讓竹林成為台灣的文化遺產和生態系統的一部分，才會受到保存和維護，而這些在竹海中擁有壯麗日落和日出的美麗山丘，唯有創造其經濟價值，才能通過時間的考驗。這些經濟價值只能透過藝術，以及在市場上具有獨特美學的產品來創造。然而，產品必須達到一定的產量，所謂的大師卻太少了。新一代的匠人在數十年對竹子的忽視後，需要花費一段時間培養才能崛起，這是由於對金錢和科技的異常迷戀的後果。劉大師坦言 CNC 對於竹藝來說是不可或缺的，我甚至不需要說服他，畢竟他是大師。然而，我覺得他缺乏具體的案例來呈現他那令人難以置信的創造力以及竹子的無限可能——於是，我們構想了下一世代的新住宅。

新世代的住宅——竹屋

　　有一次到訪台灣時，我有幸在大師的家度過了一夜。我思考著應該要讓竹子永遠地擺脫貧窮的象徵，相對來說，竹子應該是可以讓謙卑的人們住得起的房子。同時，這竹屋應該成為二十一世紀突破性創新的象徵。我腦海中的「彈出式竹屋」（Bamboo Pop-Ups）需要簡單、袖珍、容易運用、快速組合等概念，而且必須充滿科技。這所房子必須尊重自然的限制，但也必須提倡竹子所允許的新生活形式。

　　經過漫漫長夜的討論讓想法更具體了，最後，我們想像

出了一棟可以放入二十呎貨櫃的房子。它完全由竹子製成，不含任何金屬或塑膠。這個房子會有三層樓高，可以從貨櫃中拉出，折疊式的房子能藉由卡榫像摺紙一樣折疊，劉大師創造的卡榫只有他知道怎麼做。這個想法立即引起了極大的熱情回應。斯文·穆頓（Sven Mouton）是一位年輕的比利時建築師，已經在比利時的房子屋頂上採用竹梁作為結構支撐，當我與他分享這個概念時，他聽後立即主動合作，並準備來台灣向劉大師學習。

　　與劉大師的第一次討論就讓斯文·穆頓進入了狀況，在充滿熱情的建築師幫助下，我們有了一個可行的方案。斯文在里約熱內盧天主教大學（PUC-Rio）學習建築時，在伊朗工程師霍斯羅夫·加瓦米（Khosrow Ghavami）教授（後來成為世界上最著名的竹子教授之一）的指導下首次認識了竹子。加瓦米教授也曾在麗芳參加過的多個世界會議上發表過演講，所以他對這個團隊並不陌生。我們就在劉大師的帶領下，加上經過快速培訓的斯文·穆頓支援，以及麗芳的熱情協助，由臺灣竹會主導，花了六個月的時間設計出了這棟房子。我們想確定我們不是在做夢，並認為我們與其像一開始那樣完全靠自己籌資，不如向當地負責林業實驗研究的台灣林業試驗所尋求幫助。令我們驚訝的是，林業主管部門立即做出了熱情的回應，並提供了預算，讓我們能夠繼續進行實驗和設計。

能源自足設計

　　當我們推進將三層樓的摺疊式建築放置在貨櫃裡的想法時，便開始研究可以整合的技術組合，以使這座竹屋成為能源和水資源自給自主的建築。我第一想到的是向工研院詢問他們可以在這個竹屋內展示的技術。我要求使用透明薄膜太陽能電池、紙喇叭和利用渦流產生水流的發電機，加上利用物體表面的疏水效應來收集早晨的露水，使用乾式廁所免沖水，以及一個封閉的循環系統提供每人每天三公升水的使用量。我向工研院發起挑戰，並安排斯文‧穆頓徵集適用於這個計畫的所有具測試價值的技術。

竹飛機

　　當這個案例開始具體化為一個真正的專案時，我準備進一步突破極限。一天早上，我聯想到一架用竹子製成的飛機。為什麼很少人敢挑戰這個想法？它顯然比建築房子困難得多。查爾斯‧林白（Charles Lindbergh）因首次駕駛聖路易斯精神號橫渡大西洋而聲名大噪。誰願意與這樣一個改變遊戲規則的人合作？隨著時間的推移和研究的進展，我漸漸被認為是一個「夢想家」。由於竹子的重量，竹飛機受到了嚴厲的批評。飛機太重了可能永遠無法起飛。確實，我認為竹子也許更重些，但我從大師那裡了解到，有可能使用非常薄層的竹子結構，甚至使其能抵抗壓力、溫度、陽光、風和天氣。我越來越努力，將飛行設計與使用生物燃料或可再生能源結合起來，這將會是

下一章的主題。我們不使用電池，而是確保能使用松樹樹脂中提取的燃料以減少飛行時的排放。從松樹萃取樹脂油作爲發動機燃料的技術，是本田先生在第二次世界大戰後首創的。有鑑於台灣有豐富的松林，我們也可以冒險做這樣的嘗試。

　　竹飛機的想法或許永遠不會實現，或者我應該說還沒有實現。有時，我不得不承認，必須等時機成熟且合適才能將創新推向市場。目前，我們需要關注的是建築物。該竹建築的第一個原型已於 2019 年準備就緒。我們決定製作幾個原始尺寸五分之一大小的樣品，以展示翻轉和折疊竹結構的便利性。從五分之一大小的彈出式模型展示之中，人們可以具體想像在建築物內居住的高品質舒適度。

　　由於這座彈出式建築的藝術作品，受到了世界各地爲遏制新冠病毒而實施的封鎖措施延誤，第一版我只能透過視訊看到。當我看見竹屋是如何從裝箱中簡單地拉出及如何展開與折疊，這對我來說已經非常具有說服力，也意味著我們已經完成了這個階段的任務。我們尚未完成我們的使命，儘管困難重重，但仍然走在正軌上。能與劉大師一起工作本身就是一種榮幸，這也是我在台灣工作時獲得有關以自然結合先進工程，所學到最寶貴的經驗之一，我們很確定的是，在不久的將來會有更多新的規劃。

追溯軌跡

我繼續規劃大型住房的計劃，或許我們可以生產數百甚至數千套彈出式的竹屋。我的願景是將這些彈出式竹屋送到災區。貨櫃送達交付後，只需幾個小時即可確保這些配備了最新技術設備的優質、舒適的住宅可使用。一旦庇護所的需求不再，我們還可以將這些竹屋折疊起來，並運送到下一個有需要的地點。

斯文・穆頓迷上了竹子，他決定繼續他的學術研究，撰寫一篇關於巴西竹建築建造的博士論文。我非常榮幸被邀請成為他的博士評審委員。2021 年底，他獲得了竹建築博士學位，很快就將成為一名教授。他不僅擁有跨幾個大洲第一手經驗，而且能夠基於學術研究和分析來傳播知識，對於教學和學習而言，這都是給世界一份難得的禮物。空氣流通又不會揮發有毒氣體影響人體的優質住屋，其短缺的問題需要有擅於表達的倡議者。斯文・穆頓無疑是那個會成功走上我們需要走的道路的人。住屋短缺是現代社會在各大洲所有地區的主要問題之一，這是很棘手緊迫的事。如果我們繼續用破銅爛鐵來建造簡陋的屋子，且容忍不人道的生活條件，那我們將會付出代價。

Porrima：未來女神

我的實驗船 Porrima 於 2022 年 1 月 2 日在台灣歷史性訪問後，於同年八月因一場大風暴中擱淺在孟買海灘，我發現

這艘船的結構仍完好無損且建造精良。然而，無論是在最新技術的整合，或是最好的內部設計方面，這艘船都有進行改造的必要。我從來沒有對擁有和經營一艘三十三公尺長的超級遊艇感興趣。這是第一艘僅利用太陽能航行世界的船，也是有史以來第一艘利用海水生產氫氣的船，可以完全自由地航行，且無需使用任何化石燃料，這也是第一艘配備由機器人操作人工智慧風箏的船。這就是為什麼這艘船需要持續作為轉型的象徵，並成為新一代航運工業產業化的平台。這是結合藝術、自然和科技的理想空間。

科技聯姻

　　2023 年 2 月的某一天，我抵達台南，與石頭紙的發明者梁石輝（William Liang）和 Stan 會面。我們首次以摩洛哥磷礦為原料進行石頭紙的工業生產試驗。返回台北的途中，我抽出時間與竹友們共進午餐，並有機會凝視劉大師的雙眼。在過去的十年裡，我從他身上學到了很多東西，彈出式竹屋現在已經成為現實。

　　我們都知道，在生活中我們需要面對挑戰，才能做到最好。麗芳在台北訂了我最喜歡的素食餐廳，我決定向劉大師提出挑戰並邀請他前往孟買，在我的實驗船上想像新一代的竹設計。這艘船不僅是第一艘利用太陽能環遊世界的船，我還希望她成為第一艘融合了最新科技和最優秀竹藝的船。

當本書出版時，竹子的內部裝潢已經全面展開。台灣的竹藝設計將在世界各地展示，並在這艘船上樹立世界的標準。我們不僅僅是用竹子取代被濫伐至滅絕的柚木和花梨木，我們還引入以禪意境元素的藝術與自然，作為船舶設計的新標準。

我相信，透過我和劉大師多年的友誼，能將自然的設計與先進的工程技術結合在一起。這將激勵世界意識到航海產業不再是污染最嚴重的行業，而是認真擁抱零排放的行業。由於竹藝術大師將科學與技術巧妙地結合，這種設計將把大自然所能提供最棒的禮物帶上船，現在你們知道我是在哪裡發現它了！

當大師接受了這個挑戰後，Stan 站了出來，提議在台灣量產這艘利用多種創新環保技術的零排放創新實驗船。他動員了國家最優秀的產業代表來應對這個挑戰。在這本書發布並向媒體展示的那一天（2023 年 9 月 18 日），是 Stan 和我宣布這個新合作夥伴關係的日子。這本書不僅僅是對過去四十年的反思，它還是許多將在未來改變現實新計畫的平台。

第八章

能源的力量：將塑膠轉化爲燃油

with

余金龍

義達創新股份有限公司董事長暨執行長

解決塑膠垃圾

2015 年 11 月 25 日至 26 日，當德國政府邀請我在柏林舉行的全球生物經濟峰會上關於「永續商業模式」致開幕詞時，一位台灣工程師提出了一項以商業模式爲支撐的技術，該技術展示了將塑膠廢棄物轉化爲汽車乾淨燃油，且具有出色的性能和良好的回報。演講者余金龍（Gordon Yu）受邀參加我主持的圓桌會議。他非常清楚地說明了利用塑膠廢棄物並將其轉化爲乾淨燃油的機會，這讓我很感興趣。幾年前，我在日本看到過這些小型機器的廣告，一直想知道該行業從未明說的添加劑到底是怎麼一回事。那些毒素都去哪兒了？日本的低溫熱裂解（無氧加熱），因爲會使有毒分子揮發出來，在一段時間後便被禁止。

眼見爲憑

Gordon 與我分享了詳細的簡報內容，儘管我對日本的參考文獻持懷疑態度，但他盡一切努力說服我。我們進行了長時間的辯論，我決定以書面形式分享我的觀點。他則聲稱要確信其系統性能的唯一方法，是到現場參觀他在新竹縣建造並已運行兩年多的測試裝置。爲了解決我的疑慮，我得去走一趟。在行前，我與世界各地的科學團隊核實了這是否是一個值得追求的選擇，我確實感覺到大家對探究這個可能有濃厚的興趣，尤其是爲了消除大家的疑慮，我可以站在運作中的機器面前檢視。這次訪問安排在 2016 年 1 月 10 日至 12 日。這意味著，

在我們第一次接觸後不到兩個月，我專程去了台灣，就僅是爲了這個目的。

將研究轉化爲運作的證明

　　零排放研究與倡議（ZERI）網站每天至少收到三份來自世界某處的科學家或企業家的提案，他們聲稱發明了一項將徹底改變世界的技術。我總是閱讀和傾聽，如果它有一點道理，我們就會將這個提案發送給我們網絡中的三位科學家，以評估這是否確實是一場正在醞釀的革命。我們不介意擁有瘋狂的想法，我們專注於改變世界，並需要能快速傳播到世界各地且可以突破傳統框架的創新性提案。

　　你可以想像，每年只有極少數有潛力改變環境現狀的提案會被我的科學家伙伴們考慮採用，通常他們沒有我這麼熱情。余金龍的提議足夠吸引人，值得一去：他正在證明並解決一個尚未有成功解方的問題，一旦有了可行的模式，就會有巨大的需求。這個設施看起來很棒，資料圖表令人信服，雖然還有很多其他問題，但概念很紮實。將研究轉化爲操作系統，證實已投入浩大的工程與時間。

近觀 R-ONE 技術

　　當我們在解決當今迫切的問題時，我始終認爲必須迅速作出回應。如果有機會開始消滅塑膠垃圾，那麼我們不應該等待

數年才採取行動。我們需要不留餘力。當我參觀台灣每天處理
兩噸塑膠垃圾的工廠時，首先讓我印象深刻的是工廠內乾淨的
空氣，周圍沒有漂浮的髒污顆粒。地上非常乾淨，讓人很難想
像這裡是將廢塑膠在無氧狀態下，加熱並轉化為燃油的地方，
甚至提供到機場接我們的豪華賓士轎車的燃油。所產生的燃油
還能為室內堆高機提供動力，且不排放任何黑煙。很明顯，這
是一個非常乾淨的過程。然而，我們從以往的經驗中知道，許
多毒素都是揮發性且看不見的，因此我們需要檢查細節。

將海洋廢棄物轉化為燃油

　　只要能夠控制需要處理的塑膠類型，加熱塑膠並不難。如
果是 PVC，加熱過程中會釋放出戴奧辛等致命毒素，除非處
理時能達到非常高的溫度（約 1300°C）。Gordon 和他的團
隊開發代號為 R-ONE 的熱裂解技術在 450°C 以下的溫度運
行。工程師們聲稱，以設施的建造目的——產生液體燃油——
來說，是非常有效益的。由於塑膠來源是電子行業的工業廢
料，因此材料的品質非常容易控制，而且添加劑也有詳細的記
錄。我們認為他可以在台灣與資通訊產業合作發展這項業務。

　　我希望 Gordon 和他的團隊能夠超越他們的想像。我提
出了一個更複雜的現實情境，並發起了一個涉及範圍更廣的挑
戰：能否調整系統，使其能夠清理海洋中的塑膠湯？那裡有各
種複雜的混合物，包括塑膠和生物質（Biomass），且難以分

類。這意味著沒有機會管控來自工業中從未被公開過的加工助劑，如阻燃劑、紫外線阻隔劑和軟化劑，而這些都是已知干擾內分泌的成分。是否有可能將這些廢棄物轉化爲乾淨的燃油？我們同意要一起研究這課題。

以團隊合作應對挑戰

我們與 DEME 建立了一個工作團隊，DEME 總部位於比利時，是世界領先的疏浚公司之一。DEME 的廢物管理工程師注意到，疏浚材料中越來越多的塑膠顆粒。他們沒有辦法去除它，而且卽使成功分離，現今也沒有可用和經批准的技術來分解七種塑膠的複雜混合物。我們蒐集了有關世界海洋中被稱爲環流的塑膠島的所有信息，並進行計算如果我們能成功取得能源生產（甲烷和氫氣）和淸理海洋的生態效益，其效率將是多少。

這是一個典型的過程，我們需要一整群來自不同領域的專家來破解科學難題，並確保我們設計的解決方案大致沒有問題。我們研究過後提出一個假設，或許唯一可行的工作模式，是從海洋塑膠島中淸出大量的物質，並將其轉化作爲燃料，提供給淸理海洋的船隻支應其動力所需。這個方案是否可行並且能獲得融資呢？

零排放是目標

在台北市中心 Stan 的創投辦公室中我們的例行會議上，他得知了這一項倡議，我向他簡單介紹了我們爲自己設定的宏大目標。然後，他花時間觀看了示範工廠的演示，並親眼目睹其對於產業的影響，這很有可能會成爲海洋清理的標準。我們與其他中國研究人員的團隊成立了一個特設小組，負責商業模式的設計，並深入研究以確定其技術之可行性。我們知道這需要投入更多的研究和工程，但我提出的關鍵條件是，我們不能有任何懸而未決或未完成的東西。這是一項零排放操作，Stan 第一次認同這樣的目標，他同意我們不能只是「減少毒素」，而是我們根本不能有任何毒素產生。

尋找更多技術

我們一致同意，我們需要確保所有毒素最終能被銷毀，或是可能集中沉積在整個工業過程所殘留物的固體中。我們不願意依靠空氣過濾器來產生潔淨的空氣。我們測試了不同的塑膠，並成功地掌握了 PP、PE 和 PET 的處理——主要是來自電子和食品包裝產業在過程中產生的，但當我們涉及了這三種常見聚合物以外的工業廢料，我們就陷入處處是毒素的困境。

正如我們所知，大量塑膠垃圾對海洋生物構成威脅，但將如此巨量的塑膠垃圾減少卻轉化爲劇毒的廢物流（Waste stream）是萬萬不行的。我們需要找到一種消滅這些毒素的

方法，雖然我們可以在氣體和液體階段去除毒素，但最終所有毒素都會沉積在固體中，且被認爲是劇毒。那麼接下來我們要如何處理這些固體呢？核心問題是：我們能否去除毒素？還有我們可以用液態或是揮發性氣體燃料嗎？

R-ONE 團隊聲稱，一些毒素，如苯基多環芳香烴可以熱裂解成合成氣形式的無害碳氫化合物分子，如此可以與其他氣態毒素混合並在超過 800° C 的溫度下燃燒，以提供 R-ONE 所需的能量。第二步是用化學方法膠結鹵素毒素固化處理），並且和汞及其他重金屬殘留在碳黑中，從而可以過濾掉這種毒素。瑞士認證公司 SGS 驗證 R-ONE 氣體、液體和固體樣品都不含毒素。

不可能的任務

我們的科學家與台灣團隊進行了非常密集的交流。我決定請工研院對這個過程進行稽核，看看他們的化學工程師是否可以就解決這個難題提供任何意見。最大的障礙是塑膠產業無需披露所有添加劑，這讓我們對於要檢驗哪些毒素一無所知。

我們從海裡採集了樣本，驚訝地發現污染物中充滿了牙刷、髮夾、鱷魚鞋、漁網、椅子，甚至保險桿等汽車零件。雖然尼龍（網）仍然可以處理，因爲聚合物非常純淨，可以轉化爲用於服裝的細纖維，但我們發現來自海洋的混合物不可能被

分類成乾淨塑膠，然後據此被轉化爲乾淨的燃油。這種骯髒的
塑膠和生物質混合物需要特殊的處理。

　　隨著研究的進展，我們意識到科學只關注偏大的微小碎
片，最大尺寸爲 300 微米，據估計，這個量級的微粒在水體
中的密度爲每公升 180 個。而當測量尺寸增加到 10 奈米（微
米的千分之一倍）時，因粒子數量將躍升至每公升 8,000 到
10,000 個，這十分震撼。應付這場塑膠災難的唯一選擇是提
高溫度，以確保所有帶有未知毒素的顆粒都被摧毀。

全球探索解決方案

　　當我加入 Race of Water 的董事會（一家致力於促進
海洋清潔技術發展的瑞士基金會），我發現他們與法國公司
ETIA 有一個合作計劃。這家法國集團正在著手一項類似的倡
議，他們的系統是對他們數十年來所建立發展的木材熱裂解技
術的改進。他們的熱爐將用於塑膠的熱裂解，很明顯，這還需
要進行許多調整，而且我們應該互相交流心得。ETIA 的策略
是依靠從可控的塑膠廢棄物生產甲烷氣體和氫氣，他們對塑膠
廢料的混合沒有那麼嚴格，因爲他們正在測試市場上最好的過
濾器，以確保毒素不會被釋放到空氣中，並且不會有任何物質
殘留在固體炭。令我們遺憾和失望的是，他們從未找到足夠好
的過濾器來阻擋所有毒素，因此，ETIA 從未獲得在法國營運
的許可。2019 年我組織了法國和瑞士團隊訪問台灣，並在工

程上進行了直接交流。不過最終並未達成合作協議，只有一個共識，我們需要再繼續探索各種可能。

接觸潛在客戶

　　由於我們在技術方面沒有太大的進展，所以我希望在需求面有所突破。我將塑膠湯轉化爲燃料的概念帶給了世界上最大的港口營運商杜拜環球港務集團（Dubai Ports International）。他們才剛擔起責任，要將服務範圍擴大到遊輪業務，他們提供到港時的廢棄物管理服務，我想測試他們對將塑膠廢棄物轉化爲燃油的興趣，這可能成爲船上的乾淨燃料。

　　航運業被公認爲使用著世界上最髒的引擎發動機，而遊輪也不例外。雖然這些船隻在港口時確實會改用更乾淨的燃料，但船隻的標準燃料是在公海上燃燒的骯髒重油，不受任何政府管制，排放量之大超乎人們的想像。巴塞隆納港的五六艘郵輪在空氣中所排放的髒污，比城裡所有汽車的排放量還多。杜拜環球港務集團確認他們有興趣，作爲全球約六十個港口的管理者，如果該系統被證明可以運行，那麼他們將準備投資在每個港口至少安裝一個這樣的設備。他們意識到在經濟上可能不會有獲利，但將郵輪的塑膠廢棄物轉化成燃油，然後回到用於船上的理念，對他們和對我們來說都是很有意義的。

回到正軌

我們還看到了另一項突破：ETIA 被挪威船舶技術和服務提供商 VOW 收購。我們非常驚訝他們在理查・布蘭森（Richard Branson）擁有的郵輪上安裝了小型熱裂解系統。所產生的燃油雖然數量很少，更多是象徵性而不是策略性的，但確實在船上被使用。他們已經獲得了批准，並且明顯有著正確的心態。我們現在確信，經過幾年的徘徊，我們已回到正軌。受到港口當局和郵輪營運商新興需求的驅使，我們決定共同開發更詳細的商業模式。按照我們的工作方式，首先要了解商業模式，並設計一個為所有營運商和利益相關者提供明顯的優勢的系統，因為他們非常清楚，在國際海域中，沒有政府可以強制執行法規，海洋的規則是由掌握浪潮的人或實力強大的人所主導或制定的。

海洋塑膠湯的成本

我們與科學團隊進行了深入的討論，同時進一步發展可能的商業選項，但所得到的數字是困難的：以重油運行的大型船舶，其使用低硫船用燃料的營運成本約為每公噸 650 美元。我們建議用從廢塑膠製成的乾淨燃油來替代。使用已經證實的 R-ONE 製程，每噸廢塑膠可產生相當於 700 公斤的燃油。如果塑膠經過篩選和清潔，則產量可高達每噸 850 公斤。主要的挑戰是，為了提供動力清理海洋，我們每天需要 150 噸燃油。如果這種燃油來自海洋中收集的塑膠，我們每天需要大約

210 噸塑膠。然而塑膠湯的密度最多每平方公里也只有 10 公斤，這意味著僅從海上撈取廢塑膠來爲船隻提供動力，我們需要每天覆蓋 21,000 平方公里的區域，這是不可能辦到的。

改變思維模式

我們知道，爲了使這項計劃成功，我們必需發揮更大的創造力。收集廢塑膠然後將其運上岸進行熱裂解顯然是行不通的。我們可以將塑膠垃圾帶到 R-ONE 嗎？2016 年 8 月 27 日，我們派出來自布列塔尼坎佩爾的法國代表團到台灣參觀實際的運作。由於法國政府禁止漁船將塑膠廢棄物傾倒到海中，並要求漁船將塑膠廢棄物帶回岸上，特別是尼龍製成的舊漁網，這可以成爲一個乾淨且受控的原料，提供 R-ONE 生產硫含量低於 10 ppm 的柴油，成爲驅動漁船的動力。坎佩爾商會表示支持，但該專案在政治辯論中迷失了方向，從未得到推進。

企業社會責任

當然，我們可以開展企業社會責任的計劃，並採納徵稅和補貼的概念。然而，現實的困難是，我們無法克服這些數字帶來的挑戰，也無法向投資者提出一個可行的計劃。我們需要的是，來自那些必須承擔污染海洋責任的人的資金支持，以便最終能夠清理海洋。此時我們決定將重點放在技術組合的重大改進上。我們被明確告知，如果沒有堅實的技術組合，我們將永遠不會獲得運營許可。雖然有消息傳出，目前已在開發捕捉

塑膠的系統，但似乎還沒有人破解銷毀塑膠的技術。

溫度是關鍵因素

　　我們獲得這個經驗是至關重要的，我們對問題的理解也有了很大進展，對於我們的期望也變得更加務實。地球和海洋的健康，需要我們花費必要的時間來取得具體成果，若為減少污染而將毒素從水中轉移到空氣中，並不是一個解決方案。我們永遠不能愛上我們的倡議，以至於不惜任何代價去追求它們。當對我們的健康影響存有疑慮時，我們必須尋找更好的解決方法。結論很明確，我們的確可以用塑膠生產燃油，但我們需要掌握製程，確保過程中不會釋放任何毒素。我們得出的結論是，確保零排放和零廢棄物的過程中沒有任何毒素，唯一的可能方法是將熱裂解的操作溫度提高到 $1,300°$ C。這對清理工作帶來了巨大的成本負擔，贊助商必須支付額外的費用，以確保不會釋放任何毒素。雖然我認為生產者應該承擔這種延伸責任（extended responsibility），但他們卻被免除了任何的責任。

花時間回答未解答的問題

　　現在，我們必須回到原點，在清理之前提出一個長期以來早該要處理的問題：為何化學公司可以自由地使用在聚合物（塑膠）到使用期限時顯然無法處理的輔助劑呢？似乎存在一種可以秘密運作且不用承擔任何責任的營運許可，那是不應該

被接受的。我們同意不陷入負面的爭論中，但關鍵是我們需要花時間解決未解答的問題，並專注於建立一個更好的模型來取代。

Gordon 和我繼續會面並討論我們可以取得的進展，因爲我們一致認爲塑膠廢棄物問題確實值得尋求一個突破性的解決方案。我們有一個具體的建議：大學是否可以開始強制要求化學工程領域的畢業生，學習如何製造可以在陽光、土壤和海洋中分解，並且不留下任何毒性的功能性聚合物。我們仍在等待第一所大學的宣布。

在此期間，Gordon 受邀參加了 2019 年在哥倫比亞馬尼薩萊斯舉行的 ZERI 世界年會，且發表演說，並於 2022 年支持實驗船 Porrima 到台灣的藍色航行。我們已經建立了基礎，並爲我們的船隻配備了微塑膠（塑膠微粒）清理系統。我們想開始清理太平洋，就從台灣海峽開始。

2019 年，在我們第一次訪問台灣 R-ONE 的三年之後，第一個商業塑膠轉換成燃油（Plastics-to-Fuel）專案在美國宣布了，每年將十萬噸廢塑膠轉化爲六萬噸柴油燃料，英國石油公司 BP 已承諾購買所有產出。我也期待能夠看到這項宣布能夠全面投入運作。

第九章

紡織的力量：創新的纖維

with

陳國欽
興采創辦人暨執行長

　　我一直對咖啡很著迷。這種令人難以置信的植物，可以產生有史以來最強的天然殺蟲劑（咖啡因），它不該僅僅被作為飲料用途。咖啡樹可產生兩千種複雜的分子，怎麼可能農民收穫的咖啡果只有 0.2% 真正被喝到我們的身體裡，其餘的都被浪費了？當我從蘑菇大師，香港中文大學張樹廷教授那裡得知，農場咖啡的廢棄生物質和沖泡咖啡後的廢棄生物質可以用作蘑菇的基質，顯然我們應該用咖啡渣來種植蘑菇。

廢棄物變食物

　　如今，已有六千多位企業家決定用咖啡渣種蘑菇，其中大約有一千位使用收集到的咖啡渣種蘑菇，收成後再把它變成雞的超級飼料。每個意識到這種把廢棄物變食物的轉變，都感到非常開心和自豪。但我不是！原因很簡單：咖啡可能產生的廢棄物數量足以創建一百萬個農場，創造數百萬個就業機會和數十億美元的收入。我們不能指望地球生產更多，但我們可以利用地球已經產生的東西做更多的事情。雖然種植蘑菇的提議，已經是利用現有資源對抗飢餓並讓生產力往前的一大步，但我仍持續在尋找是否還可以做到更多。

咖啡：最豐富的抗氧化劑來源

　　咖啡的果皮可以與可可脂和烘焙咖啡混合，烘焙後用來吃而不是喝，這種混合物可以變成超級強的能量棒。許多人不知道咖啡果皮是自然界最豐富的抗氧化劑來源。今天，它被丟棄

的原因非常簡單，因為咖啡種植食，使用了非常有毒的化學物質，因此這種豐富的營養來源必須被丟棄，並不被人類所用。

我們決定根據最嚴格的標準，尋找經過認證的有機咖啡。這意味著我們不接受美國 FDA 的有機認證，因為它太寬鬆了。正如他們所說，在特殊情況下，許多有毒化學品仍然被允許使用，因此果皮被污染。我們堅持採用 Demeter 明確的認證規範（歐美有機認證的最高等級標章），並且透過這個標章，我們知道我們可以運用富含抗氧化劑的咖啡果皮，及它所提供迄今為止完全被忽視的營養。這也是另一個創業平台。

另一個突破

令人驚訝的是，妥善運用咖啡櫻桃的生物質，我們可以從咖啡果皮、烘焙咖啡和其他產物中，獲得比僅僅提供生咖啡豆的咖啡農要高出三千倍的產值。這是我們能夠實現的另一個突破，我知道還有更多，但我缺乏科學實證和參考依據。例如：咖啡含有大量的生物化學物質，可以抵抗太陽紫外線。這種產品對於需要抵抗紫外線造成的分子自然破壞的行業來說，是非常重要的。我們開始與塗料行業合作，因為咖啡淬取物可以用作天然防紫外線防護的添加劑。

衣物回收

我們的科學家團隊一直在尋找咖啡的創新用途，巴塔

哥尼亞（Patagonia, Inc.）創辦人伊馮・喬伊納德（Yvon Chouinard）提到了興采（SINGTEX）公司創辦人陳國欽（Jason Chen）。伊馮了解到 Jason 的工作正是從事創造和識別具有正面生態影響的新型纖維的紡織品。巴塔哥尼亞一直是生態商業模式的領頭羊，我知道，作為戶外服裝製造商，該公司對傳統纖維製造商的緩慢進展感到非常沮喪，因為這些製造商繼續選擇使用棉和原生尼龍。伊馮過去是衣物回收的先驅，並提供資助幫忙收集和運輸舊漁網，並且透過與義大利尼龍再生纖維製造商 Aquafil 的合作，他們開始用回收漁網製造布料。

將尼龍與咖啡混合？

巴塔哥尼亞表示，他們一直在嘗試一種新型的纖維，令我大吃一驚的是，這種纖維正是尼龍與咖啡的混合物，另一種則是回收的 PET 與咖啡的混合物。且這些是從台灣咖啡店收集的咖啡渣，將其乾燥後，製成亞微米大小的超細顆粒，並與回收的 PET 塑膠製成的再生纖維混合。我想親眼目睹這個過程並且感受這些產品。

台灣有著悠久的紡織業傳統，但一直以來都是與大規模與低成本生產掛上等號，從未在服裝行業與生態產品有所連結。因此，我計劃去台灣拜訪這家 1989 年成立的紡織品生產公司。Jason 和他的興采團隊顯然一直在追求具創新和研發精神的企

業文化。多年來的努力下，興采已轉型成爲功能性紡織品領域
中具有獨特生態角色的最主要供應商之一。

　　興采建立了這種高精密環保染整的工序，除減少能源和
水的使用，也減少染料用量。這是向前邁出的第一步，但當我
見到 Jason 和他的妻子以及他的團隊時，他向我介紹了他們
的頂級產品 S.Café®。根據科學觀察，經過烘焙和沖泡後的咖
啡渣會繼續吸收氣味，這種纖維具有可持續的性能。大家都知
道咖啡有吸收異味的能力，這正是許多祖母當發現冰箱中有難
聞氣味時，會放咖啡渣或咖啡豆來中和冰箱裡氣味。

紡織業的創新

　　想像一下，經過這麼多年的研究和龐大的學術網絡連結，
結果發現世界上最受歡迎的飲料的廢棄物居然可以用來控制人
體的氣味，這讓我感到多麼驚訝。拜創新的紡織技術之賜，將
咖啡廢棄物與纖維結合，這些技術透過低溫和高壓下進行的處
理，將生物材料轉化爲亞微米顆粒，將廢棄的咖啡渣創造出一
系列從未與咖啡有關的好處。我欽佩那些企業家們，發現了幾
千年來大自然早已運作如斯，而我們卻一無所知的事。

快乾、除臭和防曬

　　咖啡烘焙一半是科學，一半是藝術，Jason 則進一步證明
咖啡豆的功用不僅僅是吸收氣味。將咖啡廢棄物轉化爲亞微米

顆粒的第一個優點是，它們可以吸收和反射紫外線。興采團隊
證實了這項科學：亞微米咖啡渣的微孔，可以有效阻擋和反射
紫外線。也因為氣味的吸收和紫外線控制是物理反應而不是化
學反應，這些分子可以經清洗後反覆被使用。這真是相當巧
妙。

　　將咖啡與再生纖維混合的第二個主要效果，是這些纖維
乾得更快，這也是一種物理特性，亞微米顆粒增加了表面積，
可以有效將織物的水分分散到空氣中，這減少了晾乾衣服所需
的時間。最後一點，將咖啡渣融入紗線中，這些分子可以產生
冷卻效果。的確，這些紡織品的表面溫度比環境溫度至少低一
度，因此減輕了熱的影響。

　　Jason、他的家人和他的團隊熱情地歡迎了我，我從他們
那裡學到了很多關於咖啡的知識。我本來以為我很懂，但一個
下午下來大量的事實讓我相信，這個台灣團隊已經為咖啡的發
展開闢了一條意想不到的新道路，也為我想要幫助擺脫貧困的
農民們，提供了一整套的機會。我決定將這些創新技術直接帶
到哥倫比亞咖啡農聯合會，這正是我們需要為農民提供的解決
方案。我們利用既有的資源進行合作，並且重建一個陷入危機
的產業，提供可以超越任何其它提案的創新技術。

無中生有

　　咖啡農聯合會感到驚訝，除了喝咖啡的科學和藝術之外，他們從未研究過咖啡的化學特性。我們立卽啟動了一項聯合計劃，與當地紡織品業者一起生產含有咖啡的布料。經過一週的實地研究，我們得出的結論是，哥倫比亞紡織業復興所需的一切條件均已具備。我們需要協調整合出咖啡的銷售和出口的聯合營銷策略。

　　哥倫比亞咖啡一直被認爲是高品質的咖啡，因爲農民一直保持著傳統重質不重量的堅持，每次都自動從收穫中剔除10% 較次等的咖啡。對品質的要求，讓我們有機會利用這10% 的「廢料」，雖然這些廢料的味道和外觀較差，但是，它們的化學功能與那 90% 的咖啡完全相同。我們的結論是，咖啡農有很大的機會，廢料在傳統商業模式中被認爲毫無價值，最多只能被當作堆肥，但現在每噸咖啡豆廢料可以創造出兩千美元的價值。感謝 Jason，我們確實可以無中生有創造出一些東西來。

樂於分享

　　Jason 和他的團隊於 2013 年來到哥倫比亞，我們參觀了從咖啡農場到 T 恤成品的完整供應鏈，我們決定測試這套整合的價值鏈，並訂購了首批五千件 T 恤，這些 T 恤是由回收的 PET 瓶和哥倫比亞咖啡廢料製成的。我們把 Juan

Valdez 咖啡店的標誌放在 T 恤上。這個響應星巴克的哥倫比亞品牌熱衷於與創新結合，正是該聯盟的即溶咖啡品牌 Cafe Buendia 下了訂單，以確保在農民的完全控制下快速生產。這些 T 恤，在 2013 年聖誕節和新年期間就已開始銷售。

　　幾天之內所有東西都賣完了，這樣的成果，讓我們期盼立即有後續的發展。然而，接下來卻什麼都沒發生，甚至沒有後續的訂單。數以千計的人，直接從哥倫比亞購買 T 恤，但現在已沒有 Juan Valdez 的標誌。我們預備為咖啡農建立一個新的「紡織品」業務線。我們知道有很多咖啡農和哥倫比亞政府官員 100% 支持開展這項新業務。不幸的是，大多數高層管理人員認為咖啡是用來喝的，而不是用來穿的。咖啡農必須堅持自己的核心業務，那就是成為一個優質咖啡種植領域的市場領導者。

核心業務

　　我很錯愕，怎麼可能只因為這個非常簡單的理由，因為咖啡農就應該專注於咖啡種植，而沒有考慮可以創造數十億的額外收入及數千個就業機會的事業。董事會甚至沒有討論到商業計劃，因為管理層清楚咖啡聯合會沒有生產紡織品所需的能力，並且擔心他們最終會淪為咖啡原料的單純銷售者。我花了數週甚至數月的時間進行遊說，就事實分享並說明這些機會，但無濟於事。他們的決定是：咖啡農不是紡織業老闆。事實上，

農民可以與在亞洲競爭中勉強生存的紡織業結成聯盟，這一事實也沒有得到任何考慮。聯合會沒有任何投入，而且對於這些紡織品可以因哥倫比亞高品質的咖啡，而具有獨特競爭優勢的事實也完全漠視。

寓言故事——喝它，穿它

儘管我非常失望，但我和 Jason 討論過，我們的時代將會到來。現在哥倫比亞失去了咖啡紡織品業務的機會。在忙了兩年後，必須接受這件事走入死胡同，我對 Jason 和他的團隊的創新依舊相當佩服，這項利用咖啡廢棄物產生價值的技術，其價值不會因為這個結果而改變。我受到啟發，決定寫一個關於「喝它，穿它」的寓言故事。這個寓言故事並不是信誼基金會最初出版的三十六則寓言的一部分。中國政府立即準備採用這個寓言，並分發給中國所有學校。Jason 和我不想再等台灣的出版商出版，決定將這則寓言故事推向市場。於是，這則寓言在 Stan 的協助之下，由興采自己出版。

印刷版是一個精美的版本，但我們想要超越書本，因此這個寓言變成了首部小型動畫電影，並由剪紙藝術家洪新富製作卡通人物。2013 年 9 月，我們在台灣舉辦了一次聯合記者會，播映了這部寓言動畫。這部動畫獲得了很大的迴響，觀看次數達到了數十萬人次。

　　我很高興為興采做宣傳，這家公司在奈米技術方面極具創意和創新，很值得認可。只要有機會，我就會與世界各地的紡織品製造商進行討論，並且很高興得知來自西班牙的綠色紡織品公司 EcoAlf 的創辦人 Javier Goyeneche 決定與興采合作。我在哥倫比亞失敗了，但在西班牙成功了。

S.Café® 製的 T 恤

　　多年來，我與興采、Jason 和他的團隊保持著密切的關係，當我推出歷史上第一艘僅使用太陽能環遊世界的船——Porrima 時，我無法想像除了使用興采生產的 S.Café® 所製成的 T 恤之外，還能使用任何其他布料。Jason 非常慷慨地免費給了我一百件 T 恤。我一直感到遺憾的是，哥倫比亞農民無法從咖啡廢料中獲得經濟利益，Jason 也沒能在與世界上最好的咖啡品牌合作中受益。

　　然而，又來了一個驚喜，當我向雀巢旗下高端咖啡品牌 Nespresso 展示咖啡紡織品時，管理階層立即決定讓所有銷售人員穿上興采生產的服裝。我很懊惱當初我為什麼沒有先去瑞士。

　　興采的業務起飛了，作為一個典型的企業家，這項創新在許多領域找到應用的途徑。這種布料很快從 T 恤和服裝發展到家居床上用品和行李箱，以確保所有衣服都能保持清新的氣

味。一種新穎的應用是鞋子的內襯，Timberland 採用了這項技術，並使用興采註冊的口號："Drink I, Wear it. ®"。到目前爲止，這個寓言故事，已經在在中國的數千所學校裡流傳。能夠讓雙腳產生的難聞氣味消失，這真是個好創意！

讚頌自然的力量

　　興采在漫長且充滿希望的紡織業轉型過程中，很明顯目前才只是剛開始。雖然我們都知道，這需要花上比我們所期望更久的時間，但這種氣味控制技術有著敞亮的前景。隨著我經驗擴展，以及與產業的實際交流，顯然興采技術運用單純的物理特性取代了目前使用的許多複雜有毒化學物質。現在這種地球上最好的分子已被應用到相當複雜的程度，這與大自然造物，需要經過數十年的嘗試和失敗所付出的努力很相似，但沒有任何一個合成產品可以和自然造物相提並論，而興采讓我們重新讚頌自然的力量。

第十章

紙的力量：造紙不用水和樹

with

梁石輝
台灣龍盟股份有限公司執行長

造紙的挑戰

　　幾十年來，紙張一直是環保主義者的戰場。早在 1984 年我就已經投入這個戰場，當時我意識到去除紙張中的氯是刻不容緩的。造紙工業希望漂白木漿中的纖維素，並消除紙中木質素分解所造成的黃色。這主要是由於紙張暴露在光線下時，人們對紙張所感知到的質感，與纖維的白度直接相關。而對氯的無限制使用，已造成河流和海洋中無數生物的死亡。

非政府組織的運動

　　綠色和平組織（Greenpeace）開展的反氯運動是歷史上最成功的。綠色和平非常有效地與廣大公眾對話，卽使紙漿和造紙工業聲稱他們已將氯的使用量減少到最低限度，綠色和平組織的反駁論點也很明確：你不可能得到一點點癌症，要麼你有，要麼你沒有。結論是該行業被迫消除所有的氯，並必須採用替代工序。同時，消費者也被教育到，不要再對紙張的泛白度有更多的期待。

白色有毒

　　作為清潔劑生產商，我與這個行業關係密切。白色衣物被認為是洗滌產品在洗滌後所能提供的最佳效果。受到綠色和平組織反氯運動成功的啟發，以及改變消費者行為有其必要性，我在清潔劑產業發起了一場名為「白色有毒」的運動。的確，獲得眞正明亮的白色布料的唯一方法是使用大量化學品。

我專注於一種非常特殊的產品，稱為螢光增白劑。這些精細的化學物質會沉積在紙張、白襯衫和內衣的表面。光線會照射到這些光學分子上，而那些通常會隨著紙張或布料老化而出現的泛黃表面，會在更多光線反射到我們的眼睛時變成明亮的白色。然而，這些化學物質卻會引起皮膚疹和過敏。更糟糕的是，這些苯環不會被分解，最終積聚在河床和海底，使珊瑚白化。我提倡淘汰這些分子並提倡：讓白襯衫變白的最佳方法就是將它們掛在陽光下晾乾。太陽光線及其強大的紫外線會淨化一切，去除所有污漬，並提供不含化學物質的白襯衫或內衣。最重要的是，這會讓洗過的衣服聞起來很清新。

「白色有毒」活動也是我公司第一個循環再利用的廣告活動主題。這個倡議的核心主要是紙張的回收。1992 年，生態工廠落成後，我們邀請市民收集來自像寶僑（P&G）和聯合利華（Unilever）等大型競爭對手在郵箱中發現的廢棄紙質廣告。這些紙張會被收集起來，然後裝在一個箱子中送到學校，學校將用這些彩色材料作為原材料，製作出四十平方公尺的藝術拼貼畫。

當五十二個廣告牌全部準備好後，我們租了雙層巴士，帶攝影師和記者來欣賞這些成果。然後，我們用這些照片製作成一個日曆，以便我們在家裡使用日曆的日子裡，能夠加深這些圖像留下的印象。時至今日，只有一塊廣告牌承受得住時間

的考驗，就矗立在比利時馬勒的生態工廠內，我們就是從那裡
想像出這種溝通的工具。這個循環再利用的廣告活動，獲得了
許多獎項，十年後它仍然受到媒體的讚揚。

改變消費者行為

　　當雷射印表機出現時，桌面出版成為當時的趨勢，第一
批電子書開始銷售，我知道紙張消費將會發生轉變，報紙印刷
下滑，但紙板的需求卻攀升到令人難以置信的程度。世界紙張
市場持續增長，突破了五億噸大關。因為宅配服務的熱潮完全
依賴於瓦楞紙板的使用，紙製品的消費推動了銷量的飆升。我
們必須意識到，每噸纖維素需要來自二十棵成熟的樹。幸運的
是原始森林的使用越來越少，取而代之的是越來越多快速生長
的松樹和桉樹成為主流。不幸的是，當歐洲人繼續種植更多生
長緩慢的森林時，熱帶地區卻種植了越來越多的「改良」樹木，
這些樹木將在七年內成熟，而溫帶森林的成熟期至少需要六十
年。這些快速生長的森林被稱為綠色沙漠，樹木從土壤中吸收
養分，留下貧瘠的土地，且這些稀疏的樹木讓陽光一直穿透到
底部，使該地區變得乾旱，通常需要灌溉才能達到生產目標。

竹子的另一種用途

　　數十億棵樹木的消耗和數十億噸水的耗費對社會和環境
構成了重大挑戰。有數十億噸的水被泵入纖維的浮選和隨後的
乾燥過程，且我們在紙張回收時還需要添加額外數十億噸的

水。有人必須問這個難題：「這如何才能轉變成可以永續的事業？」。有一些選擇，例如改變纖維素的來源，像印度和阿根廷等國家使用的樹木較少，他們寧願使用當地自然快速生長的竹子。竹子是一種草，收穫後會再次生長，每年每公頃的纖維含量是基改樹的十倍。儘管有這些令人信服的替代方案，紙漿和造紙工業仍然堅持使用傳統樹木，期望從樹木中獲得更多、更快的產出，儘管他們非常清楚樹的成長速度永遠無法擊敗竹子。我對紙漿和造紙行業的頑固立場感到困惑，這行業堅持著一個需要幾十年來規劃種植和收穫的商業模式，而回報率僅為個位數。

無水造紙

　　1997 年當我在日本為參加在京都舉行的 COP3——《聯合國氣候變遷綱要公約》第三屆締約方會議做準備時，探索產業中的各種替代方案和創新時，我特意使用傳統上有著竹纖維紋路的「和紙」來製作名片。聯合國大學財務總監告訴我，我必須自己支付費用，因為每張「和紙」名片的成本是聯合國在 1993 年選用紙名片的三倍。他辯稱，原先的名片已不含氯，具有可永續的森林標籤並使用大豆油墨。意思是說，我應該為自己的恣意妄為付出代價。當然，我還是印了和紙名片，這引起了很大的回響和興趣。事實上，這種名片是由竹子製成的，僅需要 10% 的水，並彰顯日本文化和傳統，這清楚地傳達了關於我所想要創建的新商業模式的訊息。山梨縣的和紙生產商

非常感謝我的堅定決定。他們認爲我會欣賞一種新的造紙技術，向我介紹了一種毋需用水生產的紙張。雖然我知道已經有化學紙（用塑膠製成）的存在，但這種石頭紙是一個新的啟示。

永遠可回收

當第一張石頭紙放在我的桌子上時，我迷上了它：100%由礦物質製成，其中 80% 由碎石製成，20% 由聚合物製成。我通常拒絕使用任何由石油製成的東西，但日本團隊有效地反駁了我的猶豫：這種塑膠理當可以永遠使用。我更詳細地研究了事實，並意識到這種紙是 100% 礦物的，因此可以永遠100% 回收利用。含有石油的成分，就該永遠按照應有的本質被使用，而這種紙與一次性使用的情況恰恰相反。

然後我就問，這些岩石顆粒是從哪裡來的呢？答案令人信服：這是來自廢棄開採的舊礦廢料。我詢問了日本團隊，並注意到他們不願透露原始技術的來源。我讓世界各地的團隊調查我們在比利時、西班牙甚至智利發現的樣本。很快就確定了來源：總部位於台灣台南的龍盟公司。

我立刻做了聯繫，顯然，該團隊面臨著一項重大挑戰：用幾噸原材料製造石頭紙是可行的，但要保持完全可預測的品質並生產數千噸石頭紙，就需要對工廠和機械進行全面的設計。現存以木纖維素和仰賴用水造紙的工業，一點都幫不上忙，因

為過去的作法並沒有提供任何能走向未來的線索。

一種新的造紙方法

　　這個計劃是用擠壓法替代浮選法，這種新型的造紙方式可節省 60% 以上的能源，不需要用水這一事實將改變遊戲規則。大家都意識到成功的關鍵是生產的工業化，需要開發每年可壓碎十萬或二十萬噸礫石的機器，而不是像和紙那樣一張一張的製程。這需要許多毅力、奉獻精神以及對新技術的不斷測試和對新生產線的改進。

　　梁石輝先生和他的核心團隊是石頭紙的發明者和生產水泥袋的機械製造商。他突發奇想，想要製造出可以混入水泥裡的水泥袋，以解決現場廢棄物的問題。他意識到，用於包裝水泥的高品質紙袋無法回收，因為其中含有微量水泥，這些水泥會使袋子和水變成堅不可摧的泥塊。解決方法是用具有相同功能強度的材料來製作紙袋，並且可以直接放入攪拌機中回收。

零浪費

　　我再次搭乘飛機，拜訪了位於台南的小工廠，見到了梁家人，第一次有機會在這個濕熱又擁擠的工廠裡，見識到製造過程是多麼容易：從加熱高密度聚乙烯（HDPE）開始，並與主要是碳酸鈣的石頭粉混合至飽和狀態。然後，透過「專業」義大利麵條機進行壓製，之後在乾燥過程中，將長長的義大利

麵條變成小顆粒，然後擠壓成薄片。最讓我印象深刻的是，顆粒和擠壓產生的所有廢棄物都被反饋回到生產系統中，這就是零浪費。

　　台南工廠三萬噸的年生產量，已經是日本工廠規模的三倍。隨後又往前邁進一大步，在中國東北地區距離瀋陽三小時車程，靠近北韓邊境的本溪市設立了新工廠。由於需要陪伴家人我錯過了開幕式，但比利時國家電視台前往中國並提供了完整的新聞報導。這是個大新聞。幾週後，我親自前往參觀，發現這個新的生產中心是最先進的，每年的產能為二十四萬噸，可以提供以卷材或片材產品交付。將石頭紙切割成印表機的適合尺寸是一種典型的垂直整合，它提高了整體效率；甚至被裁切掉的部分，也直接被回收生產。正如我所宣傳的那樣，此工程設計有一個簡單的哲學，正如我所提倡的：一切都不會浪費。

在世界各地傳播好消息

　　當我第一次走進工廠的生產現場時，我決定邀請來自世界各地的十幾位朋友來親身體驗這項創新，並親眼目睹生產的過程。同時，我思索世界上還有哪裡可以建造更多這樣的工廠。我立即從我的網絡中召集專案團隊，並於 2012 年抵達瀋陽，進行了為期三天的快速訪問。來自荷蘭的 Leen Zevenbergen 和來自西班牙的 Eduardo Ferreira 搭乘連夜航班，然後乘坐三個小時的巴士前往工廠。我還邀請了後來擔任北大校友創投

基金主席的中國朋友酈紅女士。

　　我們早上六點出發，但遇上一場暴風雪。大家原則上都是來參觀一天，並搭乘晚上或者第二天凌晨的回程航班。前往工廠一般只需要三個小時的車程，但由於暴風雪，我們的司機估算至少需要開車七個小時前往，另外還需要七個小時返回。當我們到達高速公路收費站時，卻被告知由於暴風雪當局已經封鎖了道路。我們必須走次要道路，或者明天再試試。這對所有人來說都很震驚。Leen 決定立即趕回家，他不能錯過他的下一個會議。其他人都同意走次要道路，估計要多花十個小時。

毅力

　　不過，北京大學的酈紅女士請大家稍等一下，她要打幾個電話。她花了十五分鐘才聯繫到高速公路公司的總裁，然後又花了十分鐘與當地警察局長通話，過了沒多久，高速公路就特別為我們開放了。雖然柏油路被雪覆蓋，我們可以用時速八十公里的速度行駛，中午時分到達了本溪市。儘管這是我幾個月內的第二次訪問，但與第一次一樣令人印象深刻。我們都意識到這個行業將在市場上創建一個新標準。紙張將不再是紙張，它將成為清理採礦業的核心策略。

　　幾週後，我受邀到阿爾及利亞的穆斯塔加奈姆（Mostanagem）討論我的發現時，有一群當地的企業家，

他們非常熱衷於追求創建一個不需要砍樹的造紙工業。當我與哥倫比亞最大礦山的安格魯阿散蒂黃金公司（AngloGold Ashanti）的領導階層會面時，他們也非常熱衷於成為這場革命的一部分。隨後，幾年前關閉的西班牙阿爾馬登的汞礦山，正在苦惱粉塵汙染的問題，也欣然認可這個概念。

與傳統造紙業對話

　　首先，在布魯塞爾的歐洲紙張和紙漿聯合會（European Federation of Paper and Cellulose）和來自芬蘭的大型且獲利的造紙商 UMP 邀我進行討論。顯然，造紙業感受到來自這種新型態造紙方式的威脅，並希望能更了解其中的利害關係。毋庸置疑我可以分享所有的信息。雖然每個人都可以討論紙張及原物料——礦物、塑膠和水，但關鍵是工廠的新穎設計將資本投資減少到同類纖維素紙張生產線的三分之一左右。而且，由於纖維素的成本一直在波動，但徘徊在每噸四百至六百美元之間，而碎石的成本卻低了十倍。雖然聚合物更昂貴，但我們眼前展現的現實是，有機會以一半的製造成本和三分之一的投資成本生產紙張。這絕對是一個快速的轉變。當然，傳統造紙業聯合起來抵制新的造紙商。儘管許多紙張和紙板客戶都渴望進行轉變，但石頭紙不會很快在全球市場上流行，它的核心市場仍會在中國。

　　石頭紙可以節省大量的水資源，然而，出口紙張意味著

產地會消耗更多的水資源。因此，即使成本下降，外銷價格也不會降低，因為低價的好處僅限於本地客戶，而海外的營銷利益應該保證溢價。這種基於有限生產和在中國優先購買的額外定價，導致需求減少，從而限制了出口。這意味著國外市場上的銷量很小。我決定我的大部分出版物，從寓言到我自己出版的書籍，都將採用石頭紙。我進行了一項在法國布列塔尼創建工廠的可行性研究。商會和產業界都非常熱衷，但政客們卻不願意支持這項倡議。

抵制變革

　　儘管在歐洲的影響力很小，但傳統的造紙和紙漿工業卻利用每一個機會，打擊石頭紙成為替代方案的可能性。首先，他們展開了一場密集的宣傳活動，強調在紙張混合物中使用20% 的 HDPE。這被描述為醜聞，也是從任何生態角度考量下都會被拒絕的理由。購買紙張就等於浪費塑膠。造紙工業使用聚合物來使紙張防水的事實，從來不曾被提及。事實上，由於紙張吸水後會分解，紙張在許多應用上一直在流失市場，纖維素紙張也會遭受白腐真菌的侵襲。保護紙張地位的最佳解決方案是在紙張上添加一層薄薄的聚合物，這使得造紙業能夠減少因全塑膠解決方案而失去的市占率。

　　第二次攻擊是關於回收問題。實際上，儘管石頭紙可以無限循環回收利用，但歐洲的回收計劃並沒有預見到石頭紙的

任何用途，因此造紙行業認爲，在回收的計劃到位之前，應該禁止銷售石頭紙。當這些律師轉身變成遊說者時，他們編造論點來阻止可能損害傳統業務的任何創新進入市場。

我們迅速做出了回應，並主動與德國環境部合作，該部將我們引薦給薩爾布呂肯政府，在那裡進行了整整兩年的紙張回收測試。結論很簡單，再次印證了我們的發現：只要石頭紙的用量不超過紙張總數量的 10%，那麼石頭紙就可以與紙類一起回收，因爲紙張使用的聚合物最多達 10%。石頭紙的市場占有率按國家和城市計算，從未超過百分之一。儘管如此，造紙業仍拒絕做出修正。

一個自證預言

可想而知，到現在造紙和紙漿業界不喜歡我們到現在還沒有放棄。隨後，他們一直在推動將石頭紙與塑膠類一起回收，而不是與紙類一起回收。這會使得石頭紙無法回收，並可能導致其被銷毀。就是我們所說的「自證預言」，作爲阻止這項創新進入市場所做的努力的一部分。我們並沒有爲此困擾，仍繼續努力推廣石頭紙，並且特別強調突顯它在企業對企業銷售方面的優勢。這促成可以透過封閉循環的銷售和分銷體系進行回收。我的書是通過直銷來推銷的（微笑），現在我的每本書都不會長斑發霉、防水，且可以保存兩千年。人們甚至可以在雨中閱讀，在水裡的石頭紙寫字。這種紙不會分解，並且具有與

紙張一樣的功能。

漂綠的控訴

　　緊接著，傳統紙漿和造紙業又發起了第三次大行動：石頭紙對客戶不誠實，經銷商被告上法庭漂綠！這個論點非常令人驚訝，但大致是這樣的：既然大眾普遍認為紙是由纖維素製成的，那麼我們就在欺騙，因為石頭紙沒有纖維素。結論：這不能被稱為紙，因此依據法院判決的決定，必須將名稱更改為「石頭頁」（Sheets of Stone 或法語 Feuilles de Pierre）。法國法院站在紙漿和造紙業這邊，由法官決定更名。在荷蘭，必須加上原產地訊息，因此石頭紙被稱為「礦物紙」。其中有一些舉措讓我們很忙，必須將時間和金錢花在沒什麼效率的事情上。

印刷和油墨行業

　　不過，總體而言，我們小心行事並持續拓展業務。我們開始與印刷機械業合作。所有的印表機（熱感式印表機除外）都可以順利地使用石頭紙。我們也與所有油墨製造商合作。石頭紙不會像纖維素那樣吸收墨水，因此，需要更多的時間來乾燥。優點則是它更容易脫墨，因為紙張本身不會吸收任何顏料。機械和油墨業認可了石頭紙的多重優勢，且一旦在地生產，客戶的成本會降低。因此夥伴關係開始建立。

南非

　　我的注意力堅決地轉向正面積極的一面。我們在那裡可以引入石頭紙作為當地商業的催化劑，以及對恢復環境盡一分力。南非約翰尼斯堡，一個以金礦和碎石貧瘠的山地而聞名的地方，市長帕克斯・陶（Parks Tau）派了一個代表團到台灣參觀生產過程。市長決定在該市建立一家工廠，作為清理舊金礦山的工具，這些舊礦山造成大量塵埃雲，塵埃是該區導致居民哮喘的原因。這七人代表團歸國後建議建廠。可惜市長在接下來的選舉中落選，新當選的市長表示，因市政府沒有經驗，應該由私營部門來主導並採取行動，而不是由市政府來主導。

　　我們展示了這個變革所能帶來的好處——僅僅南非對教科書用紙的需求就可以創造六百個工作機會。對於這座以缺水而聞名的城市來說，這更是一個發展的契機。無需以高價從海外進口紙張，而是當地可以在沒有水的情況下生產紙張。我用祖魯語（大多數非洲人所使用的語言）、科薩語（納爾遜・曼德拉總統使用的語言）、南非荷蘭語（荷蘭裔保守的少數白人使用的語言）和英語印製了甘特寓言的特別版本，用石頭紙來展示產品的美觀和質感。但這一切並沒有說服新當選的市長改變心意，似乎所有的努力都是徒勞。

阿根廷

　　當阿根廷總統毛里西奧・馬克里（Mauricio Macri）尋

求有關發展新產業的建議時，我們很快意識到阿根廷使用竹子
來滿足部分紙張的需求，但還是高度依賴從巴西進口紙漿。我
們進行了完整的可行性研究，說明這種創新造紙的技術和財務
機會，以及我們可以如何爲營運提供資金。

　　我寫了一本關於阿根廷「A 計劃」的書，大家再次達成廣
泛共識，認爲這個計畫將是減少排放、減少能源使用、增加就
業機會並利用現有資源創造更大價值的理想方式。龍盟創辦人
之子，現任執行長梁仙合來到首都布宜諾斯艾利斯，他製作了
一本特別版的石頭紙筆記本，上面印有總統的名字。總統對此
深感信服。不幸的是，約翰尼斯堡的情況再次重演：反對派贏
得了選舉，因此該項專案從未被啟動。相信總有一天，它的時
刻將會到來。

摩洛哥
　　通過可行性研究的例行作業，使我們更了解商業模式的
細節，以適應當地條件，且隨著時間的推移，我有了一套清晰
的論據。當我在摩洛哥會見全球最大的磷礦集團 OCP 總裁穆
斯塔法‧塔布（Mustafa Terrab）時，我們立卽達成了共識。
事實上，磷酸鹽最多只占開採出岩石的 25%，其餘 75% 是被
清洗和清理（並傾倒）的廢料。這個過程，非常適合石頭紙的
生產。當地市場紙板用量超過四十萬噸，用於包裝水果和蔬菜
行業。將石頭紙轉化爲瓦楞紙板將是該國的理想選擇。我的書

《摩洛哥模式》（The Moroccan Model）是用石頭紙印刷的，每個人都滿意它在乾燥炎熱的沙漠空氣所呈現的品質和性能。

　　我們決定大膽地往前邁一步：從礦山運出四十噸礦石廢料，以工業規模測試來自摩洛哥的材料是否可以用於造紙。實驗室測試結果非常明確。這是一種務實的方法，有助於加快決策的速度。當然，當時沒有人知道新冠疫情大流行即將來臨，因此最終測試又花了三年時間才進行。然而來自 OCP 的摩洛哥代表團卻在台灣待了兩週，親眼目睹並學習製造石頭紙的完整過程。他們對下一步要採取的行動雖緩慢，但的確下定決心要做出改變。

石頭紙是當地經濟的引擎

　　幾十個國家開始研究在地製造石頭紙的選擇，透過生產這種新型紙張及其所衍生品的增值來清理採礦場。人們一致認為，我們需要尋找石頭紙價值鏈的垂直整合。處理該礦場的廢料大約需要花費每噸 20 至 25 美元。如果用這種廢料來生產石頭紙，那麼每噸原材料就可以增加 800 至 1,000 美元的價值，而這些在地原材料的供應充足，這將成為當地經濟的真正引擎。

　　然而，正如中國所實施的那樣，如果現在將紙張在當地轉化為筆記本，那麼價值將增加到每噸 2,000 美元。關鍵是要不

斷尋找更高的價值。當這種紙張改造成「石頭紙豪華購物袋」，
這些購物袋現在可以防雨，那麼每噸的附加值是 5,000 美元。
顯然，我們的目標不僅僅是造紙，而是充分利用這個創新的市
場和生態價值，產生比以往更多的價值，這些數字令人驚訝。
只要有強而有力的創業方法，就能對當地社區有普遍的影響。

　　當 OCP 這樣的公司預計磷酸鹽的銷量爲一億噸時，就
有三億噸無用廢物可以轉化爲石頭紙。如果說一億噸以每噸
1,000 美元的價格轉化，那麼這意味著一個千億美元的業務，
回收報酬是磷酸鹽業務的兩倍多，並且以當地紙板市場爲起始
平台，這個產業將改變這個國家。然而，這將使那些以前因爲
缺乏水和纖維素而從未考慮在造紙行業扮演任何角色的國家和
地區，未來在造紙方面將具有生產力和競爭力。

循環經濟
　　顯然，這種紙張和紙板的創新正在爲永續發展目標 SDGs
做出很大的貢獻。數百萬噸樹木得以保存下來，意味著土地能
恢復用於農業或眞正的森林。數十億噸的水被節省下來意味著
水可用於遠遠超出任何人預期的生產活動。石頭紙可以永久回
收利用的事實，也釋放了多種創造循環經濟的新機會。

　　石頭紙商業模式的強大之處在於，我們從一種負面影響
著手，從一個破壞環境且對我們健康有害的產品開始，將其轉

變為可以創造就業機會、消除浪費並具有重要意義的產品。這是一項卓越的倡議，除了確保造紙行業的轉型之外別無選擇。雖然這種紙張永遠無法取代衛生所需的吸水纖維，但肯定可以創造出一種替代方案，並成為包裝領域所有其它應用的標準。

當摩洛哥代表團準備好見證他們用採礦的廢料生產石頭紙的過程時，Stan 決定參加會議，並第一次親眼目睹台灣工程師如何成功設計一站式方案（turnkey projects），提供配備設備和專業知識的完整工廠。Stan 很想知道如何才能加速實施該計劃。這意味著隨著時間的進展，石頭紙的銷售業務將整合電子和人工智能，這是 Stan 非常熟悉的領域，且能進一步提高產品的價值。我們兩人得出結論，石頭紙不僅擁有獨特的機會進入市場，而且有能力超越世界各地的任何競爭對手。

印度將於 2023 年 9 月主辦 G20，我們收到了印度政府的一項獨特建議和邀請：我們能否為所有政府首腦寫一份一頁的簡要摘要，介紹引入石頭紙的機會？似乎在我們第一次了解石頭紙二十年後，我們終於取得了我們一直在尋找的進展。在 William、他的兒子以及孫子的領導下，三代的企業家已經準備好在世界市場上拓展這項事業。我很高興通過寫一篇關於「石頭紙」的寓言故事來盡一分綿薄之力。它已印刷了數千冊，並激勵了世界各地數百萬的兒童。也許，成功實現經濟朝永續發展轉型的最佳途徑，就是啟發孩子們。

歷史與傳記系列

獨特的學習：藍色經濟倡議家
談台灣的自然、藝術與科技力量
Nature, Art and Technology

作　　者：甘特・鮑利（Gunter Pauli）
翻　　譯：唐麗芳
責任編輯：郭家堯
封面設計：賴冠傑
美術編輯：賴冠傑

出 版 者：國立陽明交通大學出版社
發 行 人：林奇宏
社　　長：黃明居
執行主編：吳嘉雯
地　　址：新竹市大學路 1001 號
讀者服務：03-5712121 分機 50503（週一至週五上午 8:30 至下午 5:00）
傳　　眞：03-5731764
網　　址：https://press.nycu.edu.tw
e - m a i l：press@nycu.edu.tw
製版印刷：中原造像股份有限公司
初版日期：2024 年 5 月
定　　價：350 元
I S B N：9789865470937
G P N：1011300594

展售門市查詢：
國立陽明交通大學出版社 https://press.nycu.edu.tw
三民書局（臺北市重慶南路一段 61 號）
網址：http://www.sanmin.com.tw 電話：02-23617511
或洽政府出版品集中展售門市：
國家書店（臺北市松江路 209 號 1 樓）
網址：http://www.govbooks.com.tw 電話：02-25180207
五南文化廣場臺中總店（臺中市臺灣大道二段 85 號）
網址：http://www.wunanbooks.com.tw 電話：04-22260330

國家圖書館出版品預行編目 (CIP)

獨特的學習：藍色經濟倡議家談台灣的自然、藝術與科
技力量 / 甘特 . 鮑利 (Gunter Pauli) 著 ; 唐麗芳翻譯 . --
初版 . -- 新竹市 : 國立陽明交通大學出版社 , 2024.05
　　面；　公分 . -- (歷史與傳記系列)
譯自 : Nature, art and technology
ISBN 978-986-5470-93-7(平裝)
1.CST: 鮑利 (Pauli, Gunter) 2.CST: 永續發展 3.CST: 臺
灣經濟 4.CST: 傳記
541.43　　　　113006343